揭秘世界财富

巴菲特
用自己的标准去观察和投资世界

启 文 编著

山东画报出版社

图书在版编目（CIP）数据

巴菲特　用自己的标准去观察和投资世界 / 启文编
著 . -- 济南：山东画报出版社，2020.6
（揭秘世界财富）
ISBN 978-7-5474-3512-0

Ⅰ . ①巴… Ⅱ . ①启… Ⅲ . ①巴菲特（Buffett,
Warren 1930-）—投资—经验 Ⅳ . ① F837.124.8

中国版本图书馆 CIP 数据核字（2020）第 093260 号

巴菲特：用自己的标准去观察和投资世界
BAFEITE：YONG ZIJI DE BIAOZHUN QU GUANCHA HE TOUZI SHIJIE
（揭秘世界财富）
（JIEMI SHIJIE CAIFU）
启 文 编著

责任编辑 郑丽慧
装帧设计 青蓝工作室

主管单位 山东出版传媒股份有限公司
出版发行 山东画报出版社
　　　　 社　　 址　 济南市市中区英雄山路 189 号 B 座　 邮编 250002
　　　　 电　　 话　 总编室（0531）82098472
　　　　　　　　　 市场部（0531）82098479　 82098476（传真）
　　　　 网　　 址　 http://www.hbcbs.com.cn
　　　　 电子信箱　 hbcb@sdpress.com.cn
印　　刷 北京一鑫印务有限责任公司
规　　格 870 毫米 × 1220 毫米　 1/32
　　　　　 6 印张　 152 千字
版　　次 2020 年 6 月第 1 版
印　　次 2020 年 6 月第 1 次印刷
书　　号 ISBN 978-7-5474-3512-0
定　　价 178.80 元（全 6 册）

前　言

　　作为世界上最负盛名的投资者，巴菲特的一举一动都颇受关注，甚至成为众人的投资风向标。这么多年来，巴菲特的投资理念也被不断证明是成功的、卓越的，从长远来看，那些被"股神"所垂青的公司，往往能够实现稳定增长，为投资者带来稳定的投资回报。

　　当然，投资市场没有绝对的正确，现实生活中不乏与巴菲特投资习惯相左的人，他们可能善于短线操作，工于差价中决胜负。

　　比如曾做空巴菲特旗下伯克希尔－哈撒韦公司（Berkshire Hathaway Cooperation，也简称伯克希尔公司）的对冲基金经理道格·卡斯，就凭借创办做空 IBM 和可口可乐等公司的对冲基金而获利颇丰，他认为，IBM 和可口可乐等公司的风险防范手段，已经难以适应新的市场环境的挑战。

　　与短期套利的理论不同，我们熟知的巴菲特的理论多是以价值投资、长期投资为引导的。不可否认的是，他的这些理论不光是在选择优秀的公司方面对投资者有很好的指导意义，相信如果深入研究巴菲特的一些投资言论，还一定能从中体悟到这样一种生活态度和人生智慧：美好的东西值得我们长期拥有；在多种选择面前，不能迷失自我；生活就是用来犯错的，只有犯错才能知道正确的方向；学习是帮助人们提高满足感和价值的重要方式；

用简单的思维去生活、去投资；用强大的责任感去保护相关人群的利益，尽量避免遭受风险；人生路漫漫，把眼光放得长远一些；学会坚持，因为一定能从中收获很多……

这种人生智慧在投资学中一样适用，巴菲特根据这一套理论对自己的投资行动时刻予以校正。巴菲特的一系列行动也给人们以警示，学习别人不能照本宣科，结合自身条件和特点进行决策，才是终极目标。所以投资者应该放眼长远，对于巴菲特以外的投资理论也可以加以参考和学习。比如一贯和巴菲特唱反调的道格·卡斯，从客观上讲，其理论也对整个投资界的知识研讨贡献颇多。

这本书中，我们将巴菲特在巴菲特股东大会上的发言作为全书的骨架，将历年巴菲特的演讲和股东信件作为本书血肉加以丰富，再以巴菲特相关言论评述作为解析，力争献给读者一部原汁原味的巴菲特思想、言论荟萃的经典书籍。希望读者能够从巴菲特的投资经历中去领悟投资之道，而不是泛泛地谈论投资哪只股票，获得多少收益。

当然，并不是每个人都能完全掌握巴菲特的技术，并迅速积累数以万计的财富，但是人们可以学到最珍贵的投资理念，摒弃生活中包括投资过程中所存在的一些不良习性，比如盲目跟风、贪婪、恐惧、急躁、不踏实等。如果可以深入领悟巴菲特的投资理念甚至是生活态度，将它们在自己的投资项目中付诸实践，即便一时没有多么出色的财富收益，但是这种精神却是永恒的，不管是用于投资还是经营自己的生活，皆是值得坚守一生的准则。

目 录

第一章

强己制胜：

做一只自己在水中游动的鸭子

雨水带来的水位上涨不能成为鸭子们炫耀自己游泳能力的缘由，真正能在水中上浮游动还是要靠自己的实力。

伯克希尔的弱点

有股东提问："伯克希尔 - 哈撒韦有哪些弱点？"

巴菲特说："在从某些子公司获得现金方面，公司应该可以做得更加积极一些。……还有一个明显的弱点是，我在做出人事变动决定时太犹豫不决。"

巴菲特又补充说："对子公司缺乏监督，也意味着有些时候'我们会错过一些什么'。但是，这样的宽松环境也有助于子公司的管理者达到更多目标。"

芒格补充说："我想，在很多情况下，建立一个赢取信任的系统，公司可以做得更好。"他强调，如果之前采取与现在截然不同的管理模式，相比带来的好处，后果也会很严重。

——2014 年巴菲特股东大会

【智慧指南】

不管是投资还是管理，巴菲特都坚持"长期持有"的理念。巴菲特谦虚地说自己在人事变动决策时犹豫不决，但大部分人都认为这是巴菲特主观上"不想变动"。众所周知，伯克希尔每一位中高层（总公司和子公司）的人选都非常严格，甚至有人开玩笑说巴菲特选管理层就像选择股票一样。当巴菲特（伯克希尔）选定一个管理者的时候，就像选定了一只股票一样，如没有意外都会长期任用（持有），让这位管理者在长时间的工作中发挥稳定的作用。

用简单的话来说，伯克希尔表面上的弱点，恰恰是它强大的原因之一。

了解自己的能力所在很重要

提问："如果我买进最好的 20 家公司的股票，然后扔在一边不管了，最后收益会如何？能跑赢指数基金吗？"

巴菲特："这要看你怎么选最好的 20 家公司了。你这个和指数基金的概念很像，这还要看你是否想对企业作深入研究。如果你有其他职业，只是想在股票上有一些突破，长期来说股票会表现很好；你需要避免在别人兴奋的时候变得兴奋；如果你不是专业人士，不要装内行；如果你是一个业余投资者，长期购买多家美国公司的股票是比较合理的选择。"

芒格："了解自己的能力所在很重要。"

——2013 年巴菲特股东大会

【智慧指南】

1998 年，巴菲特在佛罗里达大学商学院演讲时说："如果你不能马上对自己和生意有足够的了解，那么即便你花上一两个月的时间，所面临的情况也不见得有多少改观。你必须对你可能了解和不了解的事情有亲身体会，对自己的能力范围有精准的认知。范围的大小无关大局，最重要的是范围里面的东西。哪怕在那个范围内只有成千上万家上市公司中的 30 家，只要把那 30 家企业搞明白就没问题了。"

"股市有风险，投资需谨慎"，这是每个投资者都熟知的一句话。除了市场本身变化无常的特性外，之所以说股市有风险，还因为很多投资者对自身能力没有清晰的认识，在瞬息万变的市场上胡乱舞刀弄棒，最后受伤的只能是自己。知己知彼才能百战百胜，所以，了解并确定自己的能力范围很重要。

提高能力吧，万一能用得上

提问：现在年轻人的失业率几乎达到 20%，你对聪明、懂事而又想获得一份好工作的年轻人有何建议？

巴菲特：最重要的是提高自己的能力，说不定什么时候就能用得上。我在 20 世纪 50 年代曾上过卡内基关于演讲技巧的培训课程，仅花了 100 美元，但我从中获得的裨益不可计数。

——2011 年巴菲特股东大会

【智慧指南】

巴菲特曾在 1997 年的股东大会中说："投资这个游戏的本义就是不停地学习，我们就是证据。"无论在哪个领域，不断地提高和完善自己才是吸引更多机遇和财富的根本，连巴菲特自己都没有放弃进步和学习。

关于这一理念，芒格曾解释道："幸运的是，喜诗糖果（Sees Candies）的卖家当时没多要 10 万美元，于是我们就买下了。随着这起收购的成功，我们不停地学习。我觉得，这表明，投资这个游戏的本义就是不停地学习，即便你接受过良好的训练，即使你天赋异禀，依然需要不断地学习。

这让我想起了一个有些微妙的问题。人们有时说我和沃伦是两个'不断老去的高管'，我不知道'不断老去的'这个形容词到底是什么意思，因为我不知道有谁会越活越年轻。但是你们这些持有伯克希尔股票的人，赌的是我们这两个依然被人称为'不断老去的高管'会继续学习，某种程度上，至少在年轻一些的接班人接班之前的一段时间是这样。"

决策五分钟，台下十年功

　　股东问："在你写给股东的信里，你请任何一个拥有像安全飞行这么好的公司的人给你打电话，你说你会很高兴考察这家公司并在 5 分钟或者更短的时间内给出答复。我的妻子问：'他是怎么做到这一点的？他做这个决定从哪里获取的信息？他怎么知道他得到的信息是真的呢？'"

　　巴菲特："在这个国家里，不管企业的规模有多大，任何一家可能会让查理和我感兴趣的企业我们几乎都很熟悉。这就好比你每天都在研究棒球，一段时间以后，你就知道所有的棒球选手了。如果你 40 多年如一日地考察企业，就能达到这种境界。

　　"另外，在这么多年的实践中，我们脑子里也形成了一些筛选标准。我们不敢说这些筛选标准很完美，也不敢说其从来不会失灵——"误杀"了一些本该通过筛选的企业。不过，这些筛选标准是有效的，它们很管用，就像我们花几个月的时间，聘请数名专家做很多事情那样管用。所以我们真的可以在 5 分钟之内告诉你，我们是否对某些事情感兴趣。

　　…………

　　"几乎对任何企业来说都是这样。我们知道自己不懂什么企业，我们也不想对它们多作了解，虽然在我们投资的过程中，对它们的了解可能会多一些。另一方面，对那些我们能够理解的企业，该了解的我们可能已经全都了解。所以，我们确实可以在 5 分钟之内给出答复。"

——1997 年巴菲特股东大会

【智慧指南】

几乎每个知道巴菲特的人都了解他"长期持有"的投资观点，其实巴菲特另一个"长期"的观点也很重要，即"长期关注"。

巴菲特投资可口可乐几十年，一直关注着软饮料市场；投资吉列几十年，一直关注剃须用品市场；投资喜诗的几十年中，时刻了解糖果市场……所以这些市场中出现任何投资机会，都不会逃过巴菲特的眼睛。5 分钟决定安全飞行的一切事宜，这不禁让我们联系到巴菲特对航空事业和保险业的综合认知。

想进入投资界，就要以最好的投资人为榜样

提问者："对于想进入投资界的人，关于职业道路，你会给他们什么建议？"

巴菲特："了解关于投资的一切知识。太多东西要学。学习什么行得通，什么行不通；哪些股票值得长期持有，哪些不值得。我第一次踏入投资界是在 11 岁（1942 年）的时候，我以 38.25 美元买了 3 股城市服务优先股。同时，我大姐多丽丝也买了 3 股，我爸爸买了 4 股，所以我们共有 10 股。每次去学校的时候，多丽丝总抱怨股票的价格。所以，我在 42 美元时把它卖了。两年后，成交价为 200 美元。

"我会对我管理的资产进行审计，这样我做得很好的时候会吸引更多的人。我喜欢经营公司胜于投资，经营生意的快乐远胜于调动资金。

"托德·库姆斯和泰德·韦斯勒每人管理着 65 亿美元的资产。如果他们运行自己的对冲基金，他们每个人都能赚比现在更多的钱。不过，他们喜欢任职于伯克希尔。他们已有足够的钱，他们更有令我称赞的品德。"

——2013 年巴菲特在马里兰大学 MBA 学生见面会上的发言

【智慧指南】

早在 1986 年的致股东函里，巴菲特就提出"不要为钱而结婚"，也就是说不要把挣钱当作进入投资界的根本或者唯一目的，否则即使赚到足够多的钱，也将带着很多钱和不喜欢的人在一起。所以巴菲特举了库姆斯和韦斯勒的例子，希望那些想进入投资界一展身手的年轻人，在未来能够同样找到自己的快乐。

富有特色的管理结构

我们的努力得到了那些加入伯克希尔公司的管理者的巨大支持，这是一个在很多方面都很特别的团队。首先，他们不是出于金钱上的考虑而工作，他们中的许多人以很高的价格把公司出售给我们并亲自管理，因为他们喜欢这样做，而不是需要。他们自然也要求公平待遇，但单纯的金钱绝不是他们辛勤并且创造性地工作的理由。

其次，多少有些相关的是，这些经理人得到了他们想在剩下的工作年限里想从事的理想职业。而在其他公司，重要的经理人热衷于爬到最高位。对于他们来说，今天他们所管理的部门或分支机构只是中途中的一站——或者说他们是这样认为的，只要让他们在现在的位置上持续待上 5 年，他们就会觉得自己是个失败者。

相反，我们的 CEO 们的成功标准不是是否得到了我提供的工作，而是事业的长期发展。他们决策的出发点是：今天在这里，永远在这里。我认为我们这种独特和难以模仿的管理结构才是伯克希尔真正的优势所在。

——2008 年巴菲特致股东的信

【智慧指南】

在伯克希尔里，很多有才能的人都愿意为巴菲特"卖命"，甚至不计报酬，而"股神"也并不是每天都对着电脑和数字打交道。巴菲特对此的自我评价是："我之所以能够把投资做好，是因为我还是一个不错的企业家。"

成功的企业家总是具有某些相同的特质，专注就是这些其中的特质之一。

和优秀的人一起为梦想奋斗

想要让一家好公司的表现发挥到极致，必须依赖优秀的管理人员与明确的目标。值得庆幸的是，我们已经有像托尼这样优秀的专业经理人以及绝对不会动摇的目标，而为了确保政府雇员、保险公司所有的组织成员都能像托尼一样专注于自己的事业，我们需要一套能够相匹配的薪资酬劳方案，所以在整个购并案完成之后，我们会立刻落实执行。

——1996 年巴菲特致股东的信

在管理上难免会出点差错，但另一方面扁平化的组织能大幅降低成本并加速决策进程。因为每个人都有很多事可做，所以大家就可以完成很多事。更重要的是，这使得我们能请到最优秀的人才来为我们工作，这是一般企业无法做到的，因为这些人就像是在经营自己的事业般尽情发挥自己的才能。我们对他们寄予相当的厚望，然而他们的表现远远超出我们的预期。

——1979 年巴菲特致股东的信

我认真选择和我共事的每一个人，因为对于公司的运行来说，人归根结底是最重要的因素。我不和自己不喜欢或不赏识的人打交道，这是关键。在这方面，我就像对待结婚一样谨慎。

我和一些非常优秀的人一起为自己一生的梦想而奋斗。为什么不呢？如果我无法做自己想做的事情，那人生又有何乐趣可言？

——巴菲特投资语录

【智慧指南】

榜样的力量是无穷的，当你和比你优秀的人在一起，你就会得到成长。如果你和比你差的人在一起，很快就会落后。

第二章

看准风向标:
不能抵达终点是因为上错了车

迷路的时候总有可以帮助我们定位的参照物,到不了终点就是因为车行驶的方向错了。

不要站错队

提问:"如何评估走下坡路的企业?"

芒格:"这肯定不如正在成长的企业。"

巴菲特:"一般来说,应远离这样走下坡路的企业。不过,我们还是投资了几家这样的企业,因为我们很了解它们。这样的投资将给我们的投资带来一定回报,但我们的钱主要不是从这些企业赚取的。"

——2012 年巴菲特股东大会

当一个经历辉煌的经营阶层遇到一个逐渐没落的夕阳工业,往往是后者占了上风。

——1980 年巴菲特致股东的信

保险这个行业虽然小错不断,但大体上还可以获得不错的成果,就某些方面而言,这种情况与纺织业刚好完全相反——管理阶层相当优秀,但只能获得微薄的利润。各位管理阶层所学到的一课,而且很不幸一再学到的就是——选择顺风而非逆风产业环境的重要性。

——1977 年巴菲特致股东的信

【智慧指南】

趋利避害首先要求投资者明确哪种企业是需要躲避的雷区。针对这个问题，巴菲特曾经以纺织业为例做了说明，他说，纺织业的现状已经充分说明，教科书中提到的当资本密集但产品无重大差异时，生产者注定将赚取微薄的报酬，除非市场供给吃紧或是真正短缺，只要产能过剩，产品价格就会随直接运营成本而不是投入资金来变动。

成功的原因总是那么几种，但失败的原因多种多样。三百六十行，行行出状元，即使投资者面对的正是巴菲特提到的"资本密集但产品无重大差异"的市场，这些看似在走下坡路的企业，一定有行业内的"领头羊"。

所以，要了解自己的所需和所惧，"趋利"就是朝着所需前进，"避害"就是避开那些让人恐惧的损失。如果真的钟情于这些"走下坡路"的企业，可以在保守基础上，加强对行业内目标企业的了解，选择稳定的"领头羊"型企业。

回购股票可以看作风向标

提问："鉴于一些"不可战胜的"企业现在的估值很高，且有的在回购股票，你能不能谈谈它们的内在价值？"

巴菲特："我们对这些企业评估的价格不会固定在一个水平上，我们可以告诉你，它们绝对是由杰出人士经营的伟大企业，它们现在的股价比过去大多数时候都高。但如今的股价可能是值得的，其价值可能比现在的价格高得多，当然以后的事实也有可能证明它们如今的股价太高了，今后几年的股价都没有现在高。我们不知道这个问题的答案，不过持有这些股票我们很开心。

…………

"吉列很多年都没有回购股票了，或者说回购的数量少得微不足道。而可口可乐一直在回购股票。一般来说，我们喜欢真正伟大的企业回购自己的股票。世界上的超级好企业不多，随着它们不断回购自己的股票，我们持有的比重会越来越高，我们喜欢这种情况，它对我们的吸引力很大，几乎大到会令我们不顾价格的地步。

"问题是，大部分回购股票的公司都是业绩很一般的企业，它们回购股票的目的是因为股权激励，而不像伟大的企业那样是为了增加股东的利益。

"但当你知道你持有的是伟大的公司——我们认为我们持有的大部分企业要么是伟大的公司，要么就是极好的公司的股票时，我们觉得回购股票往往是有道理的。"

——1997年巴菲特股东大会

【智慧指南】

除了那些恶意回购股票的交易之外，我们有时候可以把回购股票当作是衡量企业股票物有所值的风向标。如果某个企业开始回购股票，那么投资者就可以考虑选择投资该企业。

所以很多伯克希尔的股东都在盯着巴菲特开出价格回购股票，那样他们将更紧地握着手中的股票不撒手。

企业的举措，哪些正确哪些错误

提问："能否举几个例子，来说明哪些企业的举措是正确的？哪些则是错误的？"

芒格："好市多就是一个通过天才管理成为行业翘楚的典型，该公司在韩国的一家店的年销售额就达到4亿美元。好市多的成功是智慧管理、企业道德和勤奋耕耘综合的结果，是极为罕见的。将通用汽车的兴衰用作例子的话，可以讲整整一堂课。"

巴菲特："芒格太喜欢好市多了。有一次，有两个恐怖分子劫持了我和芒格坐的飞机，声称在处决我们之前可以满足我们的最后一个愿望，结果芒格说能不能让我再讲一次好市多的优点，而我说，在他讲之前先杀了我吧！"

——2011年巴菲特股东大会

【智慧指南】

企业经营是一项复杂的工程，需要多方面的严谨配合。因此，很多经验不够丰富的经营者在管理过程中会对管理举措是否得当感到迷茫，对此，巴菲特对症下药，提出以下指导意见：智慧管理、企业道德和勤奋耕耘。同样，这也是评价好市多公司管理经验的深刻总结。

　　管理充满智慧意味着有远见；企业道德意味着有社会责任心；勤奋耕耘意味着不怕吃苦，不怕困难。只要公司的决策符合这三个标准，管理举措就是正确的，否则就需要慎重考虑了。

反向挑选：不碰不能把握的东西

提问："大家都对你们买什么股票感兴趣。运用一下芒格反向思考法则，说说你们不会买什么吧。"

巴菲特："我们将力图不碰我们所不能把握的东西。这不是说我不知道一家企业是干什么的，我的意思是我无法合理地推断未来 5 年它的盈利能力和竞争地位如何。"

——2012 年巴菲特股东大会

查理和我避开我们不能评估其未来的业务，无论它们的产品是多么激动人心。过去，即使是普通人也能预测到汽车、飞机和电视机这些行业的蓬勃发展。不过，未来则会扼杀所有进军这些行业的公司的竞争力，即使幸存者也常常会遍体鳞伤。

——2010 年巴菲特致股东的信

【智慧指南】

有一件令人奇怪的事情，那就是在英特尔的第一轮融资中，巴菲特购买了其 10% 的股份，不过后来又将这些股份卖掉了。为什么？

巴菲特曾说："有许多企业，查理和我完全不知道该如何评估它们的价值；我们不知道可可豆或者卢布以后的价格走势；对于各种各样的金融工具，我们也不觉得自己掌握了对其进行估值的知识。"

芒格则给出了比较直接的回答："像英特尔这样的企业会受到行业发展规律的制约，这种制约总有一天会导致一张芯片上无法容纳更多的晶体管。我觉得，每年30%或者其他比例的增长率将会持续很多年，但不可能会持续到无限的未来。"

因此，英特尔必须利用它目前在半导体行业中的领先地位开发一些新的业务，就像当年 IBM 利用制表机开发出计算机业务一样。而预测某些公司是否有能力做到这一点，对我们来说简直太难了。

做投资也要懂得扬长避短，自己不了解的，不要轻易去接触，除非对其有全面的认识。

伯克希尔不是个玩弄权术的地方

做空分析师道格·卡斯提出疑问:"沃伦·巴菲特是否准备让其大儿子接替他担任伯克希尔－哈撒韦的非执行董事长?"道格·卡斯首先强调,因为他自己的孩子也在会场,所以下面的发言没有任何不敬的意思。他说:"霍华德·巴菲特从未管理过任何生意,为什么会是最有资格接替这个职位的人选?"

巴菲特回应称,霍华德"没有兴趣"运营伯克希尔。但是总会有这样的担忧,最后选择成为首席执行官的人,结果被证明对公司的发展是一个错误,"我们不希望任何人在未来把伯克希尔－哈撒韦变成一个玩弄权术的地方"。

——2013 年巴菲特股东大会

【智慧指南】

伯克希尔是一个制度严谨且公正无私的企业,选择谁来执掌并运营它,这也正体现了伯克希尔对所有股东负责的态度。无论是一个清洁工还是巴菲特的儿子,甚至是巴菲特本人,都是在做自己最擅长、最应该做的工作,而不是因为想做什么还是想得到什么而尸位素餐。

对于投资者而言，没有比这更让人放心把钱投入其中了，它应当成为对投资方向衡量的标准之一。

买卖商品的同时要学会买卖品牌

"买商品，卖品牌"多年来一直是企业成功的一个法则，这一法则让可口可乐自 1886 年以来、箭牌自 1891 年以来产生了巨大且可持续的利润。而在投资较小的公司方面，40 年前我们收购喜诗糖果，用这一方法也带来了大量财富，去年喜诗税前盈利 8300 万美元，创下了新纪录。自我们收购喜诗以来总盈利达到了 16.5 亿美元。可以比较一下，我们在收购喜诗的时候只花了 2500 万美元。

——2012 年巴菲特致股东的信

【智慧指南】

对于经营自己企业的人来说，增强品牌经营意识十分必要，能用优质的质量和服务创建出过硬的品牌，那么该企业的竞争力也就有可想而知了。

同时，作为普通投资者，重点关注投资项目的品牌影响力也尤其重要。因为，在人们的意识中，品牌往往代表着质量、实力、竞争力和发展能力。

不管是买方还是卖方，品牌意识都应该铭记于心。

什么时机？什么实际！

　　从星期四到星期一的股东会期间，波仙都将提供股东特惠价，所以如果你希望避开星期五晚上到星期天的拥挤人潮，你可以在其他时间上门，记得表明股东的身份。星期六我们会营业到晚上 6 点，波仙的营业毛利要比其他主要竞争对手低 20 个百分点以上，所以买得越多省得越多。这是我的老婆跟女儿告诉我的，她们两人都谨记从前的一个小男孩的故事：他因为错过一班公车而走路回家，同时骄傲地表示自己因此省下了 5 美分，他爸爸听到之后很生气地说："要是你错过的是出租车，不就可以省下 10 美元吗？"

——2003 年巴菲特致股东的信

　　伯克希尔目前积极寻求各类保险业务，包含"霹雳猫"与大型单一风险，因为我们无与伦比的财务实力，使得投保客户可以确定，不论在多糟的状况下，他们都可以顺利获得理赔；我们可以以最快的速度向客户完成报价；我们可以签下比其他保险公司金额更高的保单。其他竞争同行大多都有范围广阔的再保条款，并将大部分的业务分保出去，虽然这样的做法可以让他们避免重大的损失，但也失去了灵活性，反应也不够迅速。

大家都知道，伯克希尔抓住投资与购并的动作向来相当快，在保险业务方面我们的反应速度也是如此；另外还有很重要的一点，高额的保险上限吓唬不了我们，相反地更能引起我们的兴趣，我们可以接受的最高理赔上限是 10 亿美元，相比之下，其他同行所能接受的最高上限仅为 4 亿美元。

也许总有一天我们会碰上大麻烦，但是查理和我本人可以接受这种意外的结局，只要一直以来我们的报酬还算令人满意。讲得再明白一点，我们比较喜欢上下波动的 15%，更甚于波澜不惊的 12%。而正因为大部分的经理人倾向平稳，这使得我们长期报酬极大化的目标享有绝对的竞争优势。当然我们会密切注意，避免让最坏的状况超越我们可以容忍的范围。

——1995 年巴菲特致股东的信

切入点的时机是很难把握的。所以，如果我拥有的是一个绝佳的生意，我丝毫不会为某一个事件的发生，或者它对未来一年的影响等而担忧。当然，在过去的某些时间段，政府施加了价格管制政策。企业不能涨价，即使最好的企业有时也会受影响，我们的喜诗糖果不能在 12 月 26 日涨价。但是，管制该发生的时候就会发生，它绝不会把一个杰出的企业蜕变成一个平庸的企业。政府是不可能永远实施管制政策的。

一个杰出的企业可以预计到将来可能会发生什么，但不一定会预计准确到何时会发生。重心需要放在"什么"上面，而不是"何时"上。如果对"什么"的判断是正确的，那么对"何时"

大可不必过虑。

——1998 年巴菲特在佛罗里达大学商学院的演讲

【智慧指南】

通常而言，市场理论非常重视"时点"，也就是说买入和卖出的时刻。其实，一个好的企业长期稳定发展，它会经常处于一个可以买入的时间点上。

巴菲特说过：不用做投资也知道"高抛低吸"的道理，所以这是一句废话，最实际的问题应该是"吸"与"抛"的对象，而什么时机去做相对则不再重要了。如果你的投资对象是一个价值低劣的公司，那么你寻找"高抛低吸"的时间点很可能是"高吸低抛"。

第三章
理性之美：酗酒开车是
驶向死亡与坟墓的选择

拒绝饮酒的人永远知道保持头脑
清醒的重要性。

一直保持理智，这就是竞争性优势

提问："如何解释伯克希尔的商业模式以及其具有可持续的竞争优势？"

芒格："当其他人变得疯狂时，我们会一直尝试保持理智，这就是竞争性优势。第二个优势是我们对待希望出售企业的经理人的方式，我们会成为他们很好的合伙人，伯克希尔是他们理想的归所。我们的竞争优势就是我们没有竞争者。"

——2013 年巴菲特股东大会

【智慧指南】

在大会上，巴菲特讲了这样一个故事：有一家公司的创始人想把企业卖掉，但他希望死后能避免出现家庭纠纷，并且能保留他创建和钟爱的事业。但他不能把公司卖给竞争对手或者 PE，最后只能找到伯克希尔。

理智是巴菲特始终强调的一个核心问题。伯克希尔不开设分公司，它的经营方式主要是投资和收购其他优秀公司，从中获得收益。面对被收购公司，能否用一种诚恳平等的态度去对待就成为工作成功与否的关键。经营能力是一方面，如果首先能够和出售企业的经理人成为极好的合作伙伴，这一点已然成为不可撼动的竞争优势了。

对抗羊群效应

提问："是什么因素让伯克希尔的保险定价保持如此理性？"

巴菲特："伯克希尔是一个不同寻常的能够保持理性的地方。我们对伯克希尔有投票权，外部力量从未把我们推向我们不愿意去的领域。

因为，保险公司要面对季报数据，华尔街经常会给他们很大压力。在保险领域，会有很多机会可能做蠢事，这就像羊群效应。看着你的邻居在 20 世纪 90 年代后期投资互联网股票而变得富有，你很难抵挡这样的诱惑。但我们没有压力这么做，我们根本不在乎。"

——2013 年巴菲特股东大会

除非你能够眼睁睁地看着手中的股票跌到只剩买进价格的一半，且还能面不改色，不然你就不应该进入股票市场。

——巴菲特投资语录

【智慧指南】

所谓的羊群效应是指人们经常会受到其他多数人影响，从而在思想和行为上产生从众的现象，因此又被称为"从众效应"。在经济学领域也有特殊的羊群效应，指市场上那些还没有形成自己预期或没有获得一手信息的投资者们，会根据其他投资者的行为来改变自己的行为。

像巴菲特所提到的，外界压力是导致出现羊群效应的诱因之一。伯克希尔公司之所以能够保持理性，不像其他"羊只"一样，盲目地做蠢事，是因为伯克希尔公司内部有着独立而理智的管理制度，整个公司也充满了理性的氛围，从而排除了外部不良的影响。

作为公司，可以用制度和文化去引导人们做出理性的行为，那么作为个体的投资者，要想用理性制约自己的行为，那就只能用大量的经验、深厚的知识和精准的判断去堆砌理性的高墙。只有站在更高的墙头上，用深邃的双眼洞察事物本质，才能避免出现盲从的举动。

经济可能有泡沫，但不一定是房地产

提问："目前经济是又在制造一个房地产泡沫吗？"

巴菲特："房地产业现在离泡沫还差得远。目前是买房和房屋融资的好时机。第一次房地产业泡沫政府负有责任，但是不是唯一推手。"

芒格："此前人们为房地产业疯狂的时候，政府应该加以提醒，但是政府恰恰火上浇油。"

巴菲特："查理和我都很擅长在人们疯狂的时候保持清醒。经济可能会有泡沫，但不一定在房地产业。人们有时会被蒙蔽。"

——2013 年巴菲特股东大会

提问："你对现在的住宅建设市场有何看法？"

巴菲特："现在的情况非常糟糕，我们旗下的 Shaw、Johns Manville 和 Acme Brick 公司都受到了影响，目前看来完全没有复苏，一片惨淡景象。但是这些企业本身很不错，总的来说，我国建设新住宅的速度与家庭数量增长是同步的，只是现在的情况较为特殊。"

芒格："只要长期收入前景很好，我们并不介意短期内的利润波动。"

————2011 年巴菲特股东大会

【智慧指南】

不能一朝被蛇咬，十年怕井绳，2008 年因为房市崩盘带来的经济危机，不能成为人们放弃理性投资的原因。不只是房市，想要理性投资要有宏观且长远的眼光，只有这样，才能做到像芒格所说的那样，不介意短期内价格和利润的波动。

巴菲特绝对不是人云亦云的"羊只"，我们从他身上也可以学到这样几个独特的投资观念：一是不关注股市近期波动，不做技术分析；二是不追逐热点，从长远考虑，入手有把握的项目。

理性的本质含义是长远眼光，是宏观思想。不强调局部，才能看到整体；不担心一时，才能把握长久。只要预计将来的收益前景不错，那暂时的低谷又怕什么呢？

坚持清晰定位，不因竞争迷失自己

提问：面对其他的公司收购者，比如私募股权投资者和对冲基金，伯克希尔是如何定位的？伯克希尔在这类买家中的独特性是什么？

巴菲特：与5年前相比，今天有更多的资金在寻找投资机会。这种情形最近有所好转，但是有些人组织起来做很广泛的投资。你看到私募股权投资者转卖资产给另外的私募投资者，而后者也打算再把公司转卖，伯克希尔不参与这样的竞争。但情况不会一直这样，伯克希尔不会与这些买家竞争。

芒格：和我们成交的卖家通常不愿和私募基金或对冲基金打交道。

巴菲特：到现在为止，我们还没从别人那里看到我们想要的交易。

——2005年巴菲特股东大会

【智慧指南】

不管是谁，不管在什么领域，都会遇到实力或强或弱的竞争者。竞争者之间的正面交锋是避免不了的，但是有的人能够始终坚持自己的定位，理智地对待各种竞争；而有的人总是输不起，在乎结果，一旦有人与之竞争便不顾一切地"争斗"下去，最终筋疲力尽。

坚持是好事，但一定要在认清所需的基础上，一定要明白自己的实力。如此一来，如果不是关系生死的竞争，管理者完全可以避其锋芒，而不是自不量力地迎击。

根据自己的需求，慎重地与合适的企业进行合作，不能因为求胜欲望就利用恶性手段与低劣对手展开竞争，这是防止企业经营者迷失的恳切警示，也是企业经营者构建稳定而有序的市场的方式。

了解企业文化与企业文化的保护者

记者：您的长子霍华德·巴菲特声誉非常高，我们知道他在伯克希尔已经担任重要职务。那么在您退休之后，他是否是接班人的第一或最佳人选？

巴菲特：霍华德·巴菲特有资格担任公司的非执行董事长。霍华德·巴菲特以后也不会管理任何业务。他将作为非执行董事长存在，负责确保公司不会分裂，而且有权力在必要的时候驱逐首席执行官。他是企业文化的保护者，他具有这样重大的责任。除了我的儿子霍华德，我想不出还有什么人更能够体会这份责任的意义并做好这份工作。

——2013 年巴菲特股东大会

记者：您认为伯克希尔 – 哈撒韦的企业文化是什么？

巴菲特：它的文化是非常倾向和保护股东利益的，我们把股东看作我们的伙伴，他们不是那些今天买一些股票明天就卖掉的人，而是"永久性"投资人，就像他们买一个农场或一个不动产那样而长期持有。这些人了解我们的文化，他们理解我们是合作伙伴关系，而不仅仅是股东和经理的关系。我们的经理也有一种理念，就是如果他们找到自己喜欢的领域，他们就会长期地经营，而不是说三五年就把手中的公司卖掉，在许多其他公司情况则不是这样的。

记者：如果有一天您退休，您怎么让公司的企业文化很好地传承下去呢？

巴菲特：这个问题相当重要。加入伯克希尔的人实际上已经认同这种文化了，他们知道伯克希尔是怎样的氛围，所以我会用"自我认同"来形容加入伯克希尔的这些人。这种文化自身也是很有影响力的，它不断印证着自己的效力，证明这是一种令人满意的好的文化。真的，有许多人，董事们、经理们，他们都运用这样的文化。没有这么去做的人，就不能很好地融入企业文化的大环境。

——2011 年巴菲特答记者问

【智慧指南】

企业文化已经成为当今世界几乎所有企业发展的重中之重。伯克希尔的企业文化可以用"持之以恒"四个字来概括，这种文化体系将会伴随着伯克希尔为每一位股东带来的利益而一步一步深入人心，然后影响慢慢扩大，让更多人信任并加入其中。这就像一个投资者投资了一个公司几十年并长期赢利，那么他必然会向身边的所有人赞扬这家公司，这从另一方面有助于这家公司获得新的投资者。

另一方面，巴菲特把"传承保护企业文化"的重任托付给自己的儿子（霍华德·巴菲特），而不是推举他管理业务，这一点让股东们对伯克希尔的未来更加充满信心。当然，建立信心的基础在于伯克希尔的人才和管理机制。

不随他人走向疯狂

　　道格·卡斯：伯克希尔现在的业绩建立在巴菲特的声誉的基础上，主要是因为巴菲特收购了那些业绩令人沮丧的企业，但人们凭什么相信，其继任者会像巴菲特一样给公司带来巨大价值？

　　巴菲特：继任者和我当初最大的不同，就是他有更多的现金流，而继任者也将把资本用于好的企业并购上。其实，伟大的企业需要资金注入时，总是首先会寻求伯克希尔公司的认可。

　　芒格：伯克希尔早期的业绩主要来自很少有人知道的珍宝。但现在竞争变得激烈了，因此巴菲特把公司业绩增长的模式稍作调整，这是正确的选择。……别人都喜欢走向疯狂，我们却一直努力保持清醒，这正是我们的竞争优势所在。

——2013 年巴菲特股东大会

　　有一则故事我忍不住想补充说一下。故事发生在 1985 年，有一家非常大的投资银行受委托负责出售史考特·飞兹公司，然而在经过多方的推销后仍无功而返。在得知这样的情况后，我立即写信给史考特·飞兹当时的总裁拉尔夫·斯切，表示我愿意买下该公司。在这之前我从来没有与拉尔夫见过面，不过在一个礼拜之内我们便达成协议。可惜令人遗憾的是，在该公司与投资银行所签订的意向书中明确规定，一旦公司顺利找到买主便须支付250万美元给银行，即便最后的买主与该银行无关也要照付不误。事后我猜想，或许是该银行认为既然拿了钱，多少都应该办点事，所以他们好心地将先前准备的财务资料给我们提供了一份。收到这样的礼物时，查理冷冷地回应说："我宁愿再多付250万美元也不要看这些垃圾。"

在伯克希尔，我们精心设计的购并策略很简单，就是静静地等待电话铃响。可喜的是，有时还真管用，通常是先前加入我们集团的经理人建议其周遭的好朋友可以如法炮制，所以我们只需要等待即可。

——1999 年巴菲特致股东的信

【智慧指南】

大部分人熟悉巴菲特多过伯克希尔，前者就像后者的旗帜一样，让众多投资者慕名而来将自己的资金投入其中。我们不得不承认，当另一个人接替巴菲特的时候，即使那个人是耶稣的使者，都会对伯克希尔的吸引力造成负面影响。但就像芒格说的那样，伯克希尔真正的竞争优势是一种理念，即使巴菲特被接班人代替，伯克希尔的大方向不会改变，甚至会预留更多的保障，也就是现金流。

持有业绩良好的股票，别担心价格

提问：现在是否应该投资基金？一些高回报股票该如何投资？将收益重新投资到其他地方还是以价值投资的名义继续持有高回报股票？

巴菲特：我会购买业绩良好的公司股票并继续持有，不要担心股票价格。

——2009 年巴菲特股东大会

往后我们将会继续经历年度绩效的上下波动，面对多变的股市，这点绝对可以确定；尤其是我们将资金集中在几家主要的被投资公司之上，同时也因为我们将大部分的资源置于超级意外险之上。我们不但接受这种变动，而且极其认可它，因为变动是短期的，长期来看它是盈利的，套用一句棒球常用的术语："我们的表现主要是看长打率而不是打击率。"

——1992 年巴菲特致股东的信

【智慧指南】

对于是坚持持有还是果断卖出股票挣取差价，相信巴菲特给出的答案永远是坚持长期持有优秀公司的股票。

较股票来说，基金的风险相对较低，但是高风险与高收益相对应，想要高回报就要投资风险相对较高的产品，比如股票。但是巴菲特也一再强调，若投资股票则不要过分担心价格涨跌，因为在选择优质股票的基础上，长期持有总能获得更好的收益；贪图眼前短期利益，或者因为一时价格下跌就恐慌卖出股票，都不是明智的做法。

理性市场与理性投资共生长

长久以来，伯克希尔本身的市场价值与内在价值一直存在着一种稳定的关系，这在我熟悉的所有上市公司中是少见的，这都要归功于伯克希尔的所有股东。因为大家都很理性、专注，以投资为导向，所以伯克希尔的股价一直很合理。这不凡的业绩是靠一群不凡的股东来完成的，几乎我们所有的股东都是个人而非法人机构，没有一家上市公司能够像我们一样。

——1985 年巴菲特致股东的信

当然，公司市值的变化起起伏伏且无法预测，更无法真正量化具体是多少数值。有时一个高价买进的错误，有可能搭进去公司往后十几年的盈利。但是只要市场恢复理性，市价终究会反映公司盈利的能力，甚至超过买进后累积的盈利，这等于是在蛋糕上多得到一点糖霜。

——1980 年巴菲特致股东的信

【智慧指南】

坚持理性投资的人不多，有人给出这样的理由：市场本身就不是理性的，用理性去配合不理性，怎么可能实现？

这句话显然会对人们产生误导，理性是任何一件事物的性质，因为事情都是由人来完成的，人们虽然存在感性因素，但终究以理性为主导。人的理性会影响周围环境的理性，环境的理性也反映人们的理性，这是一个需要时间去平衡的事情，而理性在人和事物之间的相互作用却不容否定。

第四章

价值投资：只要你认为有价值，那么涨跌就都是浮云

面对一个贤惠的妻子，你会因为她今年30明年31岁而对她的价值评判做出质的改变吗？

别拿我们与激进投资者相提并论

面对知名的激进投资者艾克曼将他参与收购眼力健与巴菲特
20 世纪 80 年代收购可口可乐股份相提并论的问题，巴菲特做出
了回应。

巴菲特："我从来没有用衍生品收购过可口可乐股票。这与你
的收购完全没有可比性，我从来不碰衍生品，迄今为止，也没有
在华尔街上收购剩余的可口可乐股份。任何事情只要能吸引到资
金流似乎就被看作是成功的，而且会持续下去，直到这种模式不
再奏效。"

芒格则明确表示："我认为激进投资者对美国没有什么好处。"

——2014 年巴菲特股东大会

【智慧指南】

激进投资者多是指那些以获取股票买卖差价为利益的人群，
他们几乎不关心股票所代表公司的发展潜能，只以股价变动趋势
为跟踪目标，投机股、热门股是他们的关注重点，频繁买卖则是
他们的交易特征。

　　对于这种短视行为，巴菲特回应道："活跃的激进主义者们总体来说干得不错，华尔街的任何成功都势必吸引更多资金，让这样的活跃投资者变得更加强大。"虽然这种激进投资行为不会彻底消失，但巴菲特最终给出的态度是："保持简单，不要孤注一掷。当别人向你承诺短期的暴利时，你要学会赶紧说'不'！"

　　挣快钱永远不能有长远发展，搞不好还会翻船。一个有长远眼光的商人也绝不可能一辈子靠赌博一般的运气去经营企业，寻求最具长远价值的项目才是根本途径。

内在价值才是股票回购的基准

提问："当股价跌至账面价值的 80% 时，你们是否就会回购股票？"

巴菲特："账面价值和内在价值实际上没有关联。投资者应该关注内在价值。内在价值才是股票回购的基准。对很多公司来说，账面价值什么都不是。但伯克希尔将账面价值作为内在价值的保守代理。只要我们有大量现金，当价格跌到账面价值的 80% 时，我们就愿意回购很多股票。如果你能打折回购自己的股票，就相当于用 0.8 美元的价格买了 1 美元的东西。我们很难回购，因为每次宣布回购后股价都会上涨。我们对回购的感情很复杂，因为通过回购我们合伙人被低估的股份来获利，这种感觉并不好。"

——2013 年巴菲特股东大会

【智慧指南】

股票的价格本质上是由内在价值决定的。越是成熟的股市，越是注重股票内在价值。股票的内在价值越高，相对的股票价格就越高。股票的市场价格会受到供求关系的影响，而围绕价值上下波动。在一个健康的股市中，股价围绕价值波动的幅度都不大。股票的价格会随着企业的发展而变化，所以这是一个动态的平衡。一般来说，最多两年内可预期的股企效益增长，可列入动态价值考量范畴中，相对的股价可以高一些。尽管市场短期波动中经常使价格偏离价值，但市场从长期来说，偏离价值的股票市场价格具有向价值回归的趋势。

为优秀公司支付更高价格不是一个错误

芒格："大公司过去的经营业绩记录并不好，但我们有更好的评判系统去作押注。"

巴菲特："我们过去5年做的并购都不错，包括亨氏。我们有很好的企业，财富500强企业里，我们就占了8席。"

——2013年巴菲特股东大会

50多年前查理就告诉我，用合理价格购买优质企业远比折价购买平庸企业高明许多。他的投资理念我早已接受，可是有时候，该死的我还是会回到拾"烟蒂"的老习惯上，结果有的还好，有的却成为噩梦。幸运的是，通常我只在小买卖中犯错误。我们的大型收购一般情况下结局尚佳，有个别的甚至表现优异。

——2013年巴菲特致股东的信

在寻找新的投资标的之前，我们选择先增加旧有投资的仓位。如果一家企业曾经好到让我们愿意买进，我想再重复一次这样的程序应该也是相当不错的。

——1994年巴菲特致股东的信

我可以给各位另外一个个人经验，那就是以合理的价格买下一家好公司要比用便宜的价格买下一家平庸的公司好得多。像查理老早就明白这个道理，我的反应则比较慢。不过现在当我们投资公司或股票时，我们不但选择最好的公司，同时这些公司还要有好的经理人。

——1989 年巴菲特致股东的信

必须特别注意的是，本人虽然以反应迅速著称，不过却花了20 年时间才明白要买下好企业的重要性。刚开始时我努力寻找便宜的货色，不幸的是真的让我找到了一些，所得到的教训是上了一节关于农具机械、三流百货公司与新英格兰纺织工业等的经济形态课。

——1987 年巴菲特致股东的信

而这种特性却是价值型的投资人投资股票的大好机会，他们可以从各式各样的美国企业中挑选价廉物美的公司股份，并能从一群投资行为有如惊慌失措的旅鼠手中捡到便宜货。

——1982 年巴菲特致股东的信

【智慧指南】

图便宜买了功能相似但质量没有有效保障的产品，就如同巴菲特拾"烟蒂"一样。贪便宜捡了他人剩下不要的次品，结果不仅没能得到预期的享受，甚至还有恶劣的负面影响。

选股票也要避免出现拾"烟蒂"的现象，不要为了每股便宜几美元的事而一时糊涂，买了前景不明朗的股票，到时候被套牢割肉的感觉才更让人倍感煎熬。为了特别优秀的东西，多付钱也是值得的。

公司价值是运用商业盈利进行投资的能力

　　提问："关于伯克希尔公司的内在价值如何计算？"

　　巴菲特："伯克希尔公司的内在价值和其他公司一样，存在于从现在到将来这段时间的现金流折算。另外一个方法是看我们现在所持有公司的价值。当伯克希尔持有所有的盈利不进行分红时，它一定是在对这些盈利进行投资。公司价值并不体现在公司现在拥有的生意上，而在于公司运用商业盈利进行投资的能力。如果让我和芒格写下公司的价值，我们一定会有不一样的数字。"

　　　　　　　　　　　　　　　　——2007 年巴菲特股东大会

　　【智慧指南】

　　内在价值是一个比较模糊的东西，而且仁者见仁，智者见智，每个人都会在心中为同一家企业的内在价值做出区间不同的评分。

　　要判断一家公司的内在价值有多少是一个复杂的系统的工作，在此，我们提供三个方面的评估模式，即成本法、市场法和折现法。成本法就是通过财务报表了解其账面资产价值；市场法就是参考公司在如股市等市场的单位标价，并同类似公司作对比，进行深层估价；折现法就是计算公司未来能产生的收益折现，这是最稳妥的一个方法，却也比较难实现。现实操作中，建议三种方法一起运用，以提高准确性和可靠性。

试着评估内在价值会发现都与现金流有关

提问："关于内在价值，你说了很多，也写了很多，你还说你会提供股东们所需的信息以便他们能自己计算出伯克希尔的内在价值。你能不能对此展开谈谈？在计算内在价值方面，你认为最重要的工具——在你年报中使用的工具或者你考察的其他工具是什么？第二个问题，在使用这些工具的时候，你采取的规则、原理或者标准是什么？最后，在评估公司价值的时候，使用工具以及应用原理的这个过程如何与你刚才所说的筛选标准相结合？"

巴菲特："如果我们能够洞悉任何企业的未来，比方说，100年后或者企业灭亡时在企业和股东之间的现金流入以及现金流出，然后以适当的利率（这个我等会儿再谈）将其折现到现在，我们就会得到内在价值的数值。

…………

"这和计算一张贴着许多息票、100年后到期的债券的价值很相似。如果你知道息票有多少，就能通过以适当的风险利率折现来计算它的内在价值，或者你可以将息票率为5%的债券与息票率为7%的债券进行比较。每张债券的价值都不一样，因为它们的息票率不同。其实企业也有息票，这些息票未来会发生变化，只不过没有印在股票上。因此，企业未来的息票要由投资者自己来估计。

…………

"如果你试着评估内在价值，就会发现全都与现金流有关。当前在任何一个投资对象中投入现金的唯一原因是你期待将来可以取出现金，不是通过将投资卖给他人（因为这是一种十足的狗咬狗游戏），而是通过你投资的资产的产出。购买一座农场是这样，买一套公寓也是这样，购买一家企业同样如此。"

——1997 年巴菲特股东大会

【智慧指南】

投资对于众多人而言显得有些复杂、难以掌握，而在像巴菲特这样的人眼中总是能够找到最关键的地方，这也是很多投资者需要的——化繁为简，越简单越好。

另一方面，"现金流"已经是巴菲特老生常谈的问题，我们依然可以从伯克希尔的现金流来验证巴菲特的理论。众所周知，巴菲特所执掌的伯克希尔常年保持 200 亿的现金流。这一点也可以视作巴菲特一直保持着伯克希尔稳定的内在价值。综合而言，巴菲特告诉投资者，其实内在价值很简单，就是未来现金流的现值。

账面价值与内在价值

我们真正在乎的是实质价值而非账面价值。而庆幸的是，从 1964 年到 2003 年期间，伯克希尔已经从一家原本摇摇欲坠的北方纺织公司蜕变成一个涉足各个产业的大型集团。其实质价值大幅超越账面价值，39 年来实质价值的成长率甚至远超过账面价值 22.2% 的成长率。

当然这并非完美，但计算账面价值仍不失为衡量实质价值长期成长率的有效工具，只是单一年度净值的表现与标准普尔 500 指数的比较，其意义已不同于以往。主要原因在于，我们股票投资部分包含可转换特别股在内，占我们净值的比重已经大幅下降，从 20 世纪 80 年代早期的 114%，下降到 2000 年至 2003 年的 50%，因此股市波动对于我们净值影响的程度已经大不如前。

——2003 年巴菲特致股东的信

账面价值是会计名词，是记录资本与累积盈余的财务投入；内在价值则是经济名词，是估计未来现金流入的折现值。账面价值能够告诉你已经投入的，内在价值则是预计你能从中所获得的。类似词能告诉你之间的不同，假设你花相同的钱供两个小孩读到大学，两个小孩的账面价值即花的学费是一样的，但未来所获得的回报（即内在价值）不尽相同，可能是零，也可能是所付出的好几倍。所以，有相同账面价值的公司，可能有截然不同的内在价值。

——1983 年巴菲特致股东的信

【智慧指南】

一个所投，一个所获，完全不同的意思却因为不能及时明白其区别而使很多投资者走了不少弯路。如果能早点听到巴菲特的解读，相信一定能在一定投入的情况下选择收益最优的投资产品，在收益一定的情况下选择投入最少的投资产品。

新股的价值

通常，当公司的净值一年就能够实现高增长时，大家应该高兴得手舞足蹈，不过今年却不太适合。还记得德国音乐天才瓦格纳吗？他的音乐曾被人评价为"没有想象中的那么好听"。我想伯克希尔在 1998 年的进展虽然看起来已经相当令人满意，但还是没有表面上看起来那么好，主要的原因在于在它所增加的 48.3% 的净值当中，有绝大部分是来自因并购交易所发行的新股。

再进一步说明，由于我们公司目前的股价远高于账面价值，这代表着每当我们发行新股，不管是现金增资还是合并发行新股，都会立即大幅拉高我们的每股账面净值，但实际上我们没有因此多赚半毛钱。真实的情况是，这类交易对我们每股的实质价值并不会产生立竿见影的效果。这主要是由于我们所得到的跟我们所付出的只能算是相当，就像我与合伙人理查不厌其烦、但一次又一次地所强调的那样，真正重要的是实质价值的增加，而非账面净值的增加。

——1998 年巴菲特致股东函

【智慧指南】

面对良好却又浮夸的成绩，成功的人选择庆祝，而选择打破泡沫的人则会继续成功，所以巴菲特直接承认自己股价高估而去发行新股这一行动，的确让人意外而后又心生敬佩。

在股票市场有一个常见的现象：当股市泡沫达到顶峰的时候，一定有大量公司跳出来增发，因为他们谅解自己不值得"市场先生"喊出这么高的报价。所以投资者必须把这一点加入判断股市泡沫程度的标准当中。

照每天股价来评价投资就是扯淡

虽然我没有买入口香糖的公司，但是我知道 10 年后他们的发展会怎样。互联网是不会改变我们嚼口香糖的方式的。事实上，没什么能改变我们嚼口香糖的方式。会有很多的（口香糖）新产品不断进入试验期，一些以失败告终，这是事物发展的规律。如果你给我 10 个亿，让我进入口香糖的生意，并打开一个缺口，我无法做到。这就是我考量一个生意的基本原则。给我 10 个亿，我能对竞争对手有多少打击？给我 100 个亿，我对全世界的可口可乐的影响会有多大？我做不到，因为，他们的生意稳如磐石。给我些钱，让我去占领其他领域，我总能找出办法把事情办成。

所以，我要找的生意就是简单，容易理解，经济上行得通，拥有诚实能干的管理层。这样，我就能看清这个企业 10 年后的大方向。如果我做不到这一点，我是不会买的。基本上来讲，我只会买那些即使纽约证交所从明天起关门 5 年，我也很乐于拥有的股票。如果我买个农场，即使 5 年内我不知道它的价格，但只要农场运转正常，我就高兴。如果我买个公寓群，只要它们能租出去，带来预计的回报，我也一样高兴。

　　人们买股票，往往根据第二天早上股票价格的涨跌来判定决定他们的投资是否正确，这简直是扯淡。正如格雷厄姆所说的，你要买的是企业的一部分生意。这是格雷厄姆教给我的最基本最核心的策略。你买的不是股票，你买的是一部分企业生意。企业好，你的投资就好，只要你买的价格不是太离谱。

　　这就是投资的精髓所在。你要买你看得懂的生意，你买了农场，是因为你懂农场的经营，就是这么简单。这都是格雷厄姆的理念。我六七岁就开始对股票感兴趣，在 11 岁时买了第一只股票。我沉迷于对图线、成交量等各种技术指标的研究。然后我在 19 岁的时候，幸运地拿起了格雷厄姆的书。书里说，你买的不是那整日里上下起伏的股票标记，你买的是公司的一部分生意。自从我开始这么来考虑问题后，一切都豁然开朗。就这么简单。

　　　　　　——1998 年巴菲特在佛罗里达大学商学院的演讲

　　【智慧指南】

　　投资买的往往只是公司的一部分生意，所以你更应该挑选你懂的事情去做，这就是核心的投资策略所在。

　　正像巴菲特经常开玩笑说："随便问一个人就知道可口可乐，甚至有些人对可口可乐的了解都超过我。但是，我却实在找不出几个能真正看懂一些新兴的互联网公司的人。反正我并不知道该如何对这样的公司估值，但有投资者每天都在这样做。"

　　而未来难以预测的公司是危险的，一旦投资这种企业，你就会每时每刻提心吊胆。

第五章

优化投资外延力量: 人生像滚雪球,
重要的是发现湿雪和长的山坡

攀登成功的高峰需要梯子, 而且一定要放在合适的
位置, 必要的时候最好有人帮你扶着。

员工的期权奖励应基于公司内在价值

提问："此前可口可乐准备为高管配发新股和期权，这将稀释现有股东的权益。据《华尔街日报》报道，巴菲特曾私下对此表示不满。但作为可口可乐的大股东，股神麾下的伯克希尔没有对此计划投反对票而是投出了弃权票，这是为什么？"

巴菲特："即便我们认为此计划规模过大，存在稀释股东权益的影响，但伯克希尔并不打算为此跟可口可乐"宣战"，而且，针对该计划稀释股东权益程度的计算是非常不准确的。"

——2014 年巴菲特股东大会

提问："伯克希尔现任管理层很大程度上不是为了钱而努力工作，可是我们不大可能找到另一位愿意只拿 10 万美元的 CEO，你希望将来的高管拿多少薪酬？"

巴菲特："下一位 CEO 很可能也在继任前就有很多钱了，不过考虑到本公司的规模，他应当获得大额薪酬；他还可以获得期权奖励，不过应当基于公司的内在价值授予，而非股价。我们的一些经理人年薪好几千万，不过他们理应获得这么高的薪酬。"

——2011 年巴菲特股东大会

的确，我们现在确定了 4 个候选人，他们都能接替我的投资工作，他们都普遍拥有管理素质，并且他们对应邀到伯克希尔来工作都显示出强烈的兴趣。董事会了解这 4 位候选人的能力，并期待如果需要，可以雇用到一个或更多的人。这些候选人都正当壮年，经济上非常富有，所有人希望为伯克希尔工作的原因，并不是为了得到经济上的补偿。

——2008 年巴菲特致股东的信

【智慧指南】

巴菲特曾多次表示，一些美国企业制定的员工薪酬制度鼓励人们做坏事，如激励人们追求季度收益就是个坏主意。同时，他也讨厌严重依赖股票期权的薪酬计划，认为这是发给高管们的"彩票"，它们往往产生规模巨大的奖励。据悉，持有股票期权的人能够在接受期权后的一定时期内用设定好的价格购买股票。而正是由于巴菲特释放的压力，2014 年 5 月份，可口可乐在其高管薪酬计划生效之前要对其进行修改。

其实，对于正常工作的奖励，巴菲特就非常随意了。但除了有一份高薪的收入外，巴菲特更希望通过这种奖励机制去营造公平的工作环境，能给予众人一个展示自我才干和价值的舞台，更能通过奖励机制去肯定这些管理者的能力。

我并不喜欢钱，但享受财富增长带来的乐趣

提问："你现在是否只在乎比赛而不在乎得分？以前投资美国运通时做了详细的基本面调查，而后来在浴室里做了投资美国银行的决定，为什么会发生这样的转变？"（注：即问巴菲特现在做研究是否没有以前认真的意思）

巴菲特："你要把事情做好，一定要先喜欢它。如果你喜欢它，就有巨大的优势，会让你的生产力提高。我喜欢伯克希尔，包括它的投资和它拥有的企业。你没法用得分和比赛将它分开。如果伯克希尔一分钱没有给我，我一股都没有，我对伯克希尔的感情也不会变化。我喜欢我做的事情，仅仅因为我们做事的方式不一样，并不意味着我们失去了激情。过去40年是这样，希望未来10年我还是这样。"

芒格："你买美国运通的时候对它的了解并不多，自然挖掘得很深。第二次的时候则容易得多，有很多研究是积累起来的。"

——2013年巴菲特股东大会

我是一个现实主义者，总是清楚自己想要做什么。但有时我也会胡思乱想，会想也许成为一名职业棒球联赛的主力运动员也

很不错。这时，就是现实主义发挥作用的时候了。

从我的工作来看，我无疑是世界上最幸运的家伙。因为没有人能让我做我不相信的事情或者是我认为愚蠢的事情。

我并不喜欢钱，我享受的是赚钱的过程和财富增长带来的乐趣。我不会用我现在的工作去交换包括仕途在内的任何工作。

——巴菲特投资语录

【智慧指南】

俗话说，兴趣是最好的老师。如果对一件事不感兴趣，不喜欢，那么做事的人多半抱持敷衍了事的态度，完成结果也一定是"不堪入目"的。

上班最好的状态是长期用饱满的热情从事自己喜欢的工作，此时的人们似乎已经忘记工作任务和钟爱事物的区别了。所以，不管做什么事情都要先去想办法喜欢它。

我们会考虑世界各地的业务扩展

提问："伯克希尔最近的业绩能不能反映出当下的整体经济情况？伯克希尔会有更多的国际扩张吗？"

巴菲特："我们不会排除任何事情，会考虑世界各地的业务扩展。但是我们发现在美国的机会最多，我们做的多数交易都在美国。自2009年以来美国经济一直在上升，我不相信二次衰退。现在楼市和建筑行业都在回暖，但我们不想建太多房屋。我们在前进，虽然不是大步前进，但也没有停止。未来我觉得也是如此。"

——2013年巴菲特股东大会

【智慧指南】

视野向来宽广的巴菲特从来都没有放弃国际上任何合适的投资机会。在从美国转战海外的过程中，巴菲特亦实现了两个突破：首先是区域上的突破，也就是从美国开始转向国际资本市场；其次是投资领域的扩展，从他最熟悉的金融消费转向石油、钢铁、汽车这些他以前从不投资的行业。其间，虽然巴菲特对海外市场比如亚太地区的股市不够熟悉，但是他的胆识和先见之明的确令人佩服。因为自金融危机开始反弹后，亚太地区股市也远超美国股市，可见此时地利因素影响非常大。

　　囿于一隅，只能变成井底之蛙；打开天窗，才能进入新鲜空气。

优秀人才做主导，一定错不了

查理和我都始终坚信，随着时间的推移，伯克希尔的内在价值的增长速度能够小幅跑赢标普指数。我们之所以如此自信，是因为我们有着一些极其出色的企业、非常优秀的管理团队以及以投资者利益为导向的企业文化。在市场下跌或者小幅上涨的年份，相比较而言，我们一定是更棒的。但是在过去几年这种高歌猛进的市场里，我们很难打败市场。

——2013 年巴菲特致股东的信

【智慧指南】

其实投资股票就是投资商业，如果企业背后没有优秀的管理者，那么再好的牌放到他手中，也会以惨败的结局收场。

优秀的企业领导者即使在遇到恶性突发状况时，也能很好地应对处理。所以说，坚持让优秀人才做主导工作，这样的投资一定错不了。

独立与信任是合作基础

提问："如果韦斯勒和库姆斯买了股票，但你觉得是不好的投资，你会和他们分享你的想法吗？"

巴菲特："他们买了什么股票，我是一个月之后才知道的。我不会告诉他们要多元化还是不多元化，他们有完全的裁决权。我认为他们值得信任。

…………

"我们大多数的经理人极好地使用了我们赋予他们的独立性，他们用保持所有者导向的态度回报我们对他们的信任，这在一个巨大的机构是无价的也是非常少见的。我们宁愿承受少数不良决策的可见代价，也不愿意承受因为沉闷的官僚主义而造成决策太慢的后果和因此导致的无形成本。"

——2010 年巴菲特致股东的信

【智慧指南】

不管是在伯克希尔公司的内部管理上，还是在对旗下被收购公司的授权上，高度的独立自主授权和信任是维系"巴菲特王国"的强韧纽带。

独立使每个人能最大限度地发挥自己的聪明才智，但是独立不是完全地独立，彼此间的信任又成为大家高效率的合作方式，信任可以促使员工从内心产生与公司同舟共济的意识。

因此，将独立和信任作为企业文化，营造自由和谐共进的工作模式，在发现人才、传达信息、解决问题、提高效率方面有着天然的优势。

绝不忍受不当定价以及随之而来的系统混乱

业务萎缩通常会导致裁员，为了避免被炒鱿鱼，员工们通常将不当定价的原因合理化，告诉自己通过降价以保存组织完整是可以忍受的，如此整个营销系统都皆大欢喜。如果不这样做，员工们会声称，一旦景气回春，公司将无法躬逢其盛。

为了抵挡员工保住自己饭碗的天性，我们总是一再承诺国家赔偿公司的同仁不会因为业务萎缩而裁员，国家赔偿公司不是劳动力密集的公司，我们可以忍受较宽松的人力配置，但绝不能忍受不当的定价以及随之而来的核保纪律，因为现在不在乎核保获利的保险公司，以后也完全不可能会在乎。

——2004 年巴菲特致股东的信

【智慧指南】

若公司高管工资极高，同时福利待遇也非常优厚，人浮于事，股票就应该有"负效率溢价"，不幸的是，包括中国在内的很多国家中都有众多这样的"大头公司"。

另一方面，采取不裁员态度的企业一定要避免在景气好的时候招聘太多人员，大都会总裁汤姆·墨菲是这方面的高手，巴菲特也对他非常叹服。汤姆·墨菲的口号是：新增一个年薪 2 万美元的人力要像对待一个 300 万美元的提案一样慎重，因为要考量其终身所得福利以及所有开支，人越多的时候，厕纸都会用得越废。

长期期权骗局

大多数情况下，美国高管的薪酬与其经营业绩极为不匹配，这让人觉得非常可笑。这种情况在将来也不会有什么太大的变化，因为关于 CEO 的薪酬就像胜负已定的牌局一样已经事先安排好，完全不利于投资者。这样做的结果是，即使是一个表现平平或者表现糟糕的 CEO，在他精心物色的人际关系主管和非常乐于助人的咨询公司顾问的协助下，他最终总会从一个恶意设计的高管薪酬方案中获得大量金钱。

——2005 年巴菲特致股东函

【智慧指南】

巴菲特本人并不赞成将公司长期期权配发给管理层，因为这很有可能是给 CEO 背叛公司创造条件。如果这些高管真的对公司非常看好，可以用自己的薪水购买公司的股票，如此一来他会对公司的工作更加上心，因为这和他的利益紧密相连了。

优秀投资者在于善假于物

去年，我们的保险公司总计买进了7亿美元的免税政府公债，到期日分别在8至12年后。或许你会觉得这样的投入表示我们对于债券情有独钟，不幸的是事实并非如此。债券充其量只不过是个平庸的投资工具，它们不过是选择投资标的时看起来最不起眼的投资替代品，虽然现在看起来也是。

在保险公司，随着资金持续涌入，我们当然必须将有价证券列入投资组合中，一般来说我们的投资只有5种选择：长期股票投资、长期固定收益债券、中期固定收益债券、短期约当现金和短期套利交易。

在5种选择中，股票算是最有乐趣的。当状况好时（我是说找到经营得当，业绩蒸蒸日上但价值被低估的公司），你很有机会挥出大满贯的全垒打。不过很不幸的是，目前我们根本找不到类似这样的标的。

第二种投资选择是长期债券。我们对于长期债券没有兴趣的原因，在于对未来十几年通货膨胀可能再度肆虐的潜在恐惧。长期而言，汇率的演变将取决于立法人员的态度，这会威胁到汇率的稳定，进而影响到长期债券投资人的利益。

　　套利是除了政府债券以外，短期资金运用的替代品，但风险与收益相对都比较高。到目前为止，这些套利投资的收益确实比政府债券要好得多。不过即便如此，一次惨痛的经验将使总成绩面目全非。

　　另外，虽然有些不情愿，我们也较为关注中期的免税债券。买下这类债券我们将承担巨额损失的风险，若可能的话，我们在到期之前就会把它们卖掉。当然这样的高风险也提供我们相对高的收益，到目前为止，实现的获利还是比短期债券要好得多。不过这种高收益在扣除可能承担损失的风险与额外的税负之后，其实收益好不了多少，更何况还有可能被错误估算。

——1986 年巴菲特致股东的信

　　【智慧指南】

　　君子性非异也，善假于物也。

　　巴菲特之所以能在投资领域做出突出的成绩，关键是他懂得投资工具的性质，并善于按照它们的性质来操作，扬长避短，为自己创造财富。

　　只懂得投资工具的特性还不够，不能和自身能力相匹配仍然不能善假于物。一个不会游泳的人，在没有经过任何训练之前就想借助轻舟过河，其危险性还是很大的。

第六章
风险意识：海啸来了，大家谁都逃不掉

总有一些东西无法逃避，在它猛烈来临的时候我们只需要早早地做好准备就够了。

我是首席执行官，也是首席风险官

巴菲特认为，安全是投资的第一要义。在今年的股东大会上，他告诫妻子在没有自己的日子里要注意投资安全。

——2014 年巴菲特股东大会

成功的秘诀有三条：第一，尽量规避风险，保住本金；第二，尽量规避风险，保住本金；第三，坚决牢记第一和第二条。

我是伯克希尔公司的首席执行官，也是首席风险官，我要负责在任何情况下公司不会以任何方式陷入任何巨大的灾难性风险之中。我的继任者也要担负同样的责任。我们绝对不会选择任何一个不具有这些巨灾风险控制能力的人来做这个职位。

——巴菲特投资语录

【智慧指南】

在巴菲特的投资理念中，安全是投资的第一要义。一向重视投资安全性的巴菲特在股东信里说，若立遗嘱，90% 的现金将让托管人购买指数基金。那么伯克希尔股票呢？巴菲特说，他死后，拥有的每一股都将被分配到 5 个基金会里，并且管理时间超过 10 年之久，他告诉受托人不要出售任何伯克希尔的股票，直到他们必须这样做。

保证投资安全，注意规避风险，保住本金，这是一切理性投资的开始。只有注意投资安全的人才能在各种利益诱惑面前保持冷静，避免不必要的投资损失，从而"步步为营"，取得滚雪球式的成功。

尽量做到回避妖龙，而不是冒险屠龙

提问："中美能源计划在爱荷华州东部建设核电站，但考虑到福岛泄漏事故，你觉得为了该核电站中有望得到的回报，值得冒这种风险吗？"

巴菲特："我认为核电站是世界应对资源匮乏问题的主要途径之一，同时，我认为核电站是相当重要而且是安全的，但考虑到日本核灾难的影响，我不认为该计划在美国能顺利付诸实施。

"我们本来就运转着危险的石油管道，以及承载危险品的铁路，我把自己看作"首席风险官"。另外，在美国煤矿生产行业中，每年丧生的人都超过日本核灾难的死亡人数。"

——2011 年巴菲特股东大会

另外还学到一个教训，在经历 25 年企业管理与经营各种不同事业的岁月之后，查理跟我还是没能学会如何去解决难题。不过我们倒是学会了如何去避开它们，在这一点上我们做得相当成功，我们专挑那种风险低的，而避免风险高的投资。不管是经营企业还是投资，固守显而易见的好公司要比死守着有问题的公司要好得多。当然，有时困难的问题也有被解决的机会，像我们刚开始经营水牛城报纸一样；或是有时一家好公司也会有暂时的难关，像是以前美国运通与 GEICO 都曾经一度发生状况。不过总的来说，我们要尽量做到回避妖龙，而不是冒险去屠龙。

——1989 年巴菲特致股东的信

【智慧指南】

　　风险，不是所有时候都会带来损失，冒不必要的风险是最愚蠢的行为。就像插秧苗，有时候退步也是进步，而在投资市场，无意义的进步只会加重自身损伤。

　　投资犹如作战，不仅要进攻，必要的防御亦是至关重要的。所以，投资者们也要有退步防御的意识，避免不必要的伤害，以保存实力，为下次进攻做准备。

多大的数字乘以零都会化为乌有

提问："如果我 20 多岁想发起一个合伙人一起做生意，但我没有公开的可以追溯的业绩，如果希望让别人投资，你有什么建议？"

巴菲特："用别人的钱来投资应该做到慎之又慎。即便他们有业绩记录，我也建议要参考经过审计的业绩记录。"

芒格："很多人最开始都是从朋友和家庭那里筹钱，这是另外一种信任。但年轻人很难做到这一点。"

巴菲特："相对来说，只有很少人能成功。这就是为什么会存在有很多快要饿死的小对冲基金。因为，对冲基金虽然赚了很多钱，但都是在为基金经理赚钱。"

——2014 年巴菲特股东大会

毫无疑问，有些人通过借钱投资成为巨富，但此类操作同样可能使你一贫如洗。杠杆操作成功的时候，收益就成倍放大，配偶觉得你很聪明，邻居也艳羡不已。但它会使人上瘾，一旦你从中获益，就很再做到谨慎行事。而我们在小学三年级（有些人在 2008 年金融危机中）就学到，不管多大的数字一旦乘以零都会化为乌有。历史表明，无论操作者多么聪明，金融杠杆都很可能带来"零"的结果。

对企业来说，金融杠杆也可能是致命的。许多负债累累的公司认为债务到期时可以靠继续融资解决，这种假定通常是在正常情况下才成立的。可一旦企业本身或者全球信用出现危机，到期债务就必须如约清偿，届时只有现金才靠得住。

——2011年巴菲特致股东的信

只要你的行为合理，你就一定能够得到好的结果。在大部分的状况下，融资杠杆顶多会让你行动得更快，但查理跟我从来都不会着急，我们享受过程更甚于结果，虽然我们也必须学会去承担后者。

——1989年巴菲特致股东的信

【智慧指南】

天底下没有免费的午餐，哪怕是最亲近的好友或家人。代价是一定要有的，比如向银行或者其他金融机构融资所必须支付的利息，甚至出卖股份并因此丧失对企业的绝对领导权。

此外，风险也是资金使用过程中需要注意的问题。比如财务风险，过度依赖外来资本、融资不当导致的企业资产组成结构不合理，必然会为企业运转埋下潜藏的危机。企业生存周期完结后能不能及时收回现金流的生产风险，也一样会影响企业能否按时归还所欠借款。

所以，外界融资是非常值得投资者谨慎处理的事情，而巴菲特用一个非常核心的思想解决了这个问题，那就是现金王道的主张。不管是初期还是发展期，企业都应该拥有足够的流动现金，而且这些现金最好都是自己的。

压死骆驼的最后一根稻草

最近几十年来，没有一家公司的总裁会想到，有一天他必须向董事会提出这种年龄没有上限的退休保健计划。他不需要具有专业的医学知识也知道，越来越高的预期寿命以及保健支出将会把一家公司给拖垮。但是即便如此，很多经理人还是闭着眼睛让公司通过内部自保的方式，向这种永无止境的大坑洞投入，最后导致公司股东承担后果而血本无归。就保健而言，没有年龄上限的承诺，所代表的就是没有上限的负债，这种严重的后果，甚至危及一些美国大企业的全球竞争力。

而我相信，之所以会有这种不顾后果的行为，一部分原因是会计原则并没有要求公司将这种潜藏的退休金负债呈现在会计账面上，相反的，会计原则允许业者采取现金基础制，此举大大地低估了负债，而公司的经营层与注册会计师所采取的态度就是眼不见为净。讽刺的是，这些经理人还常常批评国会对于社会保险采用现金基础的思维，根本就不顾未来年度可能产生的庞大负债。

——1992 年巴菲特致股东的信

【智慧指南】

量变引起质变，生活中的稻草很多，看似轻小，便习惯性地忽略其作用，可一根根的稻草积攒起来也能压死骆驼。

投资市场的最后一根稻草就是负债，因为容易被忽视，而借债的杠杆作用引起的质变常常把投资者逼上绝路。对此，投资者应该着重加强资产配比，以保持配比的合理和均衡。

只有退潮时才知道谁在裸泳

你可能记得 2003 年的时候，硅谷很流行一种车贴："神啊，救救我吧，再给一个泡沫吧。"很不幸，这个愿望很快就成真了——几乎每一个美国人都认为房价会上涨。这种看法令贷款机构无视买房人的实际经济状况随意放贷，认为房价的上涨会解决一切问题，而今天，美国正在为此付出惨痛的代价。

随着房价下跌，大量愚不可及的错误被曝光了。是的，只有在退潮的时候，你才能看出哪些人在裸泳。对于美国的一些金融机构，我只能用"惨不忍睹"来形容。

——2008 年巴菲特致股东的信

目前，市场参与者对于一些长期而言明显不可能产生太高价值，甚至根本就没有任何价值的公司，给予极高的市值评估，所以投资人依然被持续飙涨的股价所迷惑，不顾一切地将资金投入到这类企业。这种情形就好像病毒一样，在机构投资者与散户间广为散播，引发不合理的股价预期而与其本身应有的价值明显脱钩。

伴随着这种不切实际的景况而来的，还有一种荒唐的说法叫作"价值创造"。我们承认，过去数十年来，许多新创企业确实为这个世界创造出许多价值，而且这种情况还会继续发生。但我们打死都不相信，那些终其一生不赚钱甚至是亏钱的企业能够创造出什么价值，他们根本是在摧毁价值，不管在这期间他们的市值有多高。

在这些案例中，真正产生的只是财富移转的效应，而且通常都是大规模的。部分可耻的不肖商人利用根本就没有半只鸟的树丛，从社会大众的口袋中骗走大笔金钱（这其中也包含他们自己的朋友与亲人）。事实证明，泡沫市场创造出泡沫公司，这是一种赚走投资人手中的钱，而不是帮投资人赚钱的幌子。通常这些幕后推手的最终目标不是让公司赚钱，而是让公司挂牌上市，说穿了这只不过是老式连锁信骗局的现代版，而靠手续费维生的券商就成了专门送信的邮差和帮凶。然而，任何的泡沫都经不起针刺，当泡沫破灭，不可避免地会有一大票菜鸟学到教训——第一课，不论是什么东西，只要有人要买，华尔街那帮人都会想办法弄来卖给你；第二课，投机看似简单，其实暗潮汹涌。

——2000 年巴菲特致股东的信

【智慧指南】

无论是 2008 年美国房价的经济泡沫，还是 2000 年巴菲特提到的"网络股"泡沫，对绝大部分投资者的打击都是非常大的。而根据一份调查公司的报告显示，当投资人被问到自己预期未来 10 年内的年均投资收益是多少的时候，其平均值居然达到了

19%！换句话说，大部分投资者都认为自己拥有和股神一样的大脑，并且能在关键时刻做出和股神一样的抉择。

当一个领域的表面价值已经远远高于其真实价值时，请及时提醒自己，那些高出的价值是泡沫，泡沫的确可能激发更多的泡沫，但泡沫会破灭，在泡沫上搭建的投资则会随着泡沫的破碎而化为乌有。

为追求额外一点利润而面临风险，就是不负责

我和查理不会从事任何可能给伯克希尔带来丝毫威胁的活动。我们永远铭记在心：你们，也就是我们的合伙人往往将毕生积蓄的很大一部分投入到本公司，信赖我们的谨慎管理。此外，一些重要的慈善活动也依赖于我们的审慎决定。最后，许多因事故致残的受害人依赖于我们的保险服务。如果为了追求额外的一点利润而使这么多人面临风险，那将是不负责任的。

——2011 年巴菲特致股东的信

【智慧指南】

对于风险偏好者来说，谨慎这种略显保守的态度似乎不能满足他们大干一场的活力，但是对于绝大多数投资者来说，谨慎能避免很多不必要的损失。谨慎虽保守，但也能保命。

当风险不可测，速退不犹豫

　　为了满足保险客户的需求，1990 年，通用再保险设立衍生交易部门，但在 2005 年我们平仓的合约中有一个期限竟然是 100 年。很难想象这样的一个合约能够满足哪方面的需求，除非是可能只关心在他的交易登记簿中有一个长期合约的交易商需要对冲的需求。

　　设想一下，假如一个或者是更多家企业（麻烦总会迅速扩散）拥有数倍于我们的头寸，并且想要在一个混乱的市场中进行平仓，并且面临着巨大的众所周知的压力，情况会变成怎样？在这种情形下，应该充分关注事前而不是事后。应该是在卡特里娜飓风来临之前，考虑提前撤离新奥尔良的最佳时机。

　　当我们最终将通用再保险的证券交易部门关门大吉之后，对于它的离开，我的感觉就像一首乡村歌曲中所写的那样："我的妻子与我最好的朋友跑了，我想念更多的是我的朋友，而不是我的妻子。"

——2005 年巴菲特致股东函

【智慧指南】

巴菲特喜欢用乡村歌曲里的"妙语"来表达自己的想法，让听到或读到的人感觉那些古老的常识所蕴含的智慧往往历久弥新。每个投资者在投资的道路上都会遇到风险，而最让人害怕的不是风险大，而是风险不可估测。那么最好的方式就是不在乎眼前斩仓的痛苦，坚决赶快退出。在 2008 年的经济危机时期，如果不是巴菲特果断退出，等到次贷危机彻底爆发后，就完全没有退路了。

正像另一句谚语所说，白天面对一只狮子远不如晚上面对一只狼可怕，因为黑夜让我们无法预测这只饿狼的动向。

不冒千分之一的危险

提问者："当你在管理他人的资金，做出错误的决策时，你如何平衡责任与负担？"

巴菲特："我告诉他们，我也会犯错误，但我们的目标是要做到这个、这个还有这个。我可能会为了做到某一点而发生失误，但我仍然很可能实现这一目标。我努力尝试以不随着时间的推移而造成明显的资金损伤的方式进行运作。通过这种方式，我可能不会赚最多的钱，但我会将永久损失的风险降到最低。如果决策有千分之一的可能性会造成永久性损失，我是不会做的。"

——2013 年巴菲特在马里兰大学 MBA 学生见面会上的发言

【智慧指南】

巴菲特说过："我之所以保守，是因为我在拿着别人的钱做投资，这像是让我背着黄金过独木桥。我知道自己必须带着黄金回家，但同时我又知道背多了会掉下去，而这也正是我能够做好投资的关键因素之一。"

在整个投资生涯中，巴菲特并不是没有冒过险，但他更愿意选择稳中求胜，这不禁让投资者把"投资"与"投机"，以及做好估值等众多闪亮的点再次和巴菲特联系起来。

第七章
反省滑铁卢：这是最快的破产方法

深刻的道理听了不少，但人生还是没能过得很好，也许是时候反省一下，把这些教诲深入到内心了。

每个人都会在资本游戏中犯错

　　巴菲特在谈到现在的房市危机时说，他不记得他一生中曾发生过像现在的房地产市场一样能够给整个经济带来震荡的情形。现在的市政公债市场"非常混乱"。对于金融机构而言，最痛苦的时候还没有过去，但也很难预测美国银行业之后还会产生什么问题。

　　芒格则认为，投资银行在风险评估和预防上花费的精力不足，远远比不上他和巴菲特在伯克希尔公司风险运营上所花费的精力。

　　"我们总是试图将伯克希尔的股票想成是属于我们的亲戚的。"芒格说。

　　"每个人都会在资本游戏中犯错，"巴菲特说，"他们不应该由于被误导而受到惩罚，但也不应该因为自己的错误而被保护。"

　　芒格说："所以，目前的许多麻烦都是咎由自取。"

　　　　　　　　　　　　　　　　——2008 年巴菲特股东大会

【智慧指南】

尽管经常把"鸡蛋"放到一个"篮子"里，但巴菲特有着超强的风险控制能力，而这种严格的风险控制意识源自伯克希尔公司健全的管理体系，更来自于巴菲特及公司工作人员的责任心——始终将公司和股东利益放在第一位。

其实，无论是公司经营者还是市场投资者，控制风险是一项需要长期坚持的工作，是一项需要动态监督的工作。

在投资过程中，建议大家做到事前、事中和事后的风险管理。面对一项可能具有风险的投资，如果对它不熟悉，那就不要去投资；已经进行交易的项目也要时刻进行监控，对各种数据和消息进行分析判断，以便及时做出行动；如果反应不够及时，遭受风险损失，事后反省和风险体系巩固事项就是不能避免的工作。

盲目跟随他人，结果就是输

提问："如果有人采用你的投资哲学——构建一个由 6 至 8 只股票组成的高度集中的投资组合，并采用你的投资方法——节税、买入并持有，不过他的投资对象是像微软和英特尔那样的年增长率为 30% 的高科技公司，而不是你的投资组合中增长率通常只有 15% 的公司，你觉得他这样做获得的回报率能否达到伯克希尔历史回报率的两倍？"

巴菲特："如果微软和英特尔的业绩达到可口可乐和吉列的两倍，这种方法肯定能取得两倍于我们的回报率。问题的关键是能够识别那些你能理解并对它们的情况非常肯定的企业。如果你懂这些企业，许多人都懂微软和英特尔，但查理和我不懂，你就有机会评估它们的价值。如果你觉得它们的价格很合理，有美妙的发展前景，如果你的判断是对的，那将会获得非常丰厚的回报。"

——1997 年巴菲特股东大会

【智慧指南】

崇尚"巴氏投资理论"的普通投资者总是喜欢跟随巴菲特的

脚步，关注巴菲特投资的领域和相关项目，而巴菲特本人并不提倡这样做。

巴菲特希望投资者能够举一反三，将其投资理念用于投资者本身更适合的领域，这样也许能够为投资者本人带来更大的利润空间。在一次采访中，他曾说道："跟随我投资可口可乐的人可能会获利，但想要变成我，只能去发掘另一个'可口可乐'，然后用我的经验长期持有。"

伤人的小道消息和内部消息

让一个百万富翁破产的最快的方法，就是告诉他小道消息。真相不可能出自知情人士之口，这是投机游戏的本质。听消息买股票是一种非常可怕却非常常见的错误的炒股方式。但是，在火热的牛市入市，曾经靠听消息又获得很多赢利的人可能完全没有办法接受这个忠告。尤其是长期在交易所直接交易的一些股民，几乎除了消息之外，不考虑其他方法。更为荒唐的是，即使听了消息而赔钱，他们也不认为这种通过听消息炒股的方法有错误，而是认为消息来源不够准确，下一次会追求更准确的消息，而不是放弃这种错误的方法。

——巴菲特投资语录

【智慧指南】

不自信的人才会尤其重视所谓的内部消息和小道消息，而这也是他们投资失败的重要原因。

股市中的算命先生不会存在多久，因为没人能一直预测市场的宏观和微观发展细节，甚至可以说，投资细节本身就是不确定的，市场只是按照一个大概的方向在前进，我们能做的就是找对方向，与之同步就够了。

小道消息也只能是"安慰"自己的小心脏今晚能睡好觉，但是它永远不能帮助你接受明天阴暗的天气！

坚决克制规模扩大的冲动

盖科作为保险业务的引领者，继续扩大市场份额的同时又坚持了我的一贯原则（巴菲特在信中多次提到，宁可要利润也不要盲目地扩大规模，此处专指他的这个一贯原则）。自从 1995 年伯克希尔全面控股盖科以后，盖科在个人汽车保险市场的份额从 2.5% 增长到 9.7%，保费总额则从 28 亿美元提升到 167 亿美元。我相信，更多的增长近在眼前。

盖科的优异表现自当归功于托尼和他的 27000 名伙伴。不仅如此，我们还应该继续拓宽我们的护城河。或许是漫漫长夜，抑或是刮风下雨，抑或是满路泥泞，不管是多大的困难都不能阻止他们前行的步伐。

——2013 年巴菲特致股东的信

我们宁愿以 X 的单价买下一家好公司 10% 的股权，而不是以 2X 的单价买下这家好公司 100% 的股权。但大部分的公司经营阶层偏好后者，他们多以"规模"而非"获利"作为衡量自己或别人的标准。问问那些名列财富 500 强大企业的负责人，他们可能从来不知道，他们的公司若以获利能力来排名的话，会落在第几位。

——1981 年巴菲特致股东的信

【智慧指南】

规模经济主要是指因为规模增大而带来的经济效益提高现象，单位投入小于单位产出，因此，规模扩大可以保证利润增长。物极必反，规模过大可能产生信息传递速度慢且造成信息失真、管理官僚化等弊端，反而产生规模不经济。规模不经济也就意味着企业为生产投入的单位成本大于产出，出现亏损。

保证利润优先，就是要在投入成本和产出收益之间寻找平衡点，并尽量在平衡点以下，即成本小于产出时进行规模扩张，而一旦出现规模不经济，经营者就应该立即停止扩张行为，同时想办法降低成本，提高利润空间。

不要因为便宜而疯狂购物

当我手里有很多现金的时候，我就很容易犯错误。查理让我去酒吧转转，不要总待在办公室里。但是我一有闲钱，就总在办公室里，我想我是够愚昧的，这种事时有发生。

总之，我买了美国航空的股票，虽然没人逼着我买。现在我有一个 800 的电话号码，每次我打算买航空公司的股票后，我就打这个电话。我跟他们讲我很蠢，老犯错，他们总是劝我别买，不断地和我聊，让我别挂电话，不要仓促地做任何决定。

最终我还是买了美国航空的股票。看上去我们的投资要打水漂了，而且我们的投资也确实几乎全打了水漂，那笔糟糕的投资理应全军覆没的。我因为价钱非常诱人而买了那些股票，但是那绝不是个诱人的行业。我对所罗门的股票犯了同样的错误，股票本身价廉诱人没错，但那应该是杜绝涉足的行业。

——1998 年巴菲特在佛罗里达大学商学院的演讲

【智慧指南】

"这只股票已经跌到一美元了，还能跌到哪里去？"这是很多投资者经常说的话。其实这些投资者犯了忽略机会成本的严重谬误，最终的代价要根据你本来可以用这笔资金买入多少日后赚了大钱的股票而定。简单而言，你拿 100 美元买了 100 股 1 美元的股票，一段时间后，这只股票和你想的一样没有下跌，但如果你用这 100 美元买了 10 股 10 美元的股票，在同样的时间内涨到 11 元每股，那么你所付出的代价就是 10 美元。

　　只因为价格低而购买股票是一种极易犯的低级错误，巴菲特曾举例说："我有 1 万美元的时候，花费 2000 美元购买了廉价的汽修厂。修理厂倒闭后我才发现，这笔投资损失的机会成本高达 60 亿美元。"

不要太在意股份的多少

我所犯的第一个错误，当然就是买下伯克希尔纺织的控制权，虽然我很清楚纺织这个产业没有什么前景，却因为它的价格实在很便宜而被其吸引。虽然在早期投资这样的股票确实让我获利颇丰，但在 1965 年投资伯克希尔后，我就开始发现这终究不是个理想的投资模式。

——1989 年巴菲特致股东的信

我们实在看不出买下并控制一家企业或是购买部分股权有什么根本上的差异。每次我们都试着买进一些长期看好的公司，我们的目标是以合理的价格买到绩优的企业，而不是以便宜的价格买进平庸的公司。查理跟我发现，买到货真价实的东西才是我们真正应该做的。

——1987 年巴菲特致股东的信

【智慧指南】

　　股份的数量不应该成为投资者关注的重点，相反，股票的质量更能体现发展态势。除非需要极大比例来掌握公司管理权，否则，太重视股份数量会对投资产生误导。

并购要避开内生竞争力不足的企业

　　我在 1993 年用价值 4.33 亿美元的伯克希尔公司股票买下了一家制鞋企业：德克斯特。当时我认定它具有持续的竞争力，但在短短几年的时间内，它的竞争力就消失了。但那只是开始，利用伯克希尔的股票，我错上加错，这一次花去的不是 4 亿美元而是 30.5 亿美元。实际上，我是在用一个优秀的国内公司 1.6% 的股份（现在的价值是 2200 亿美元）来换取一个毫无价值的烂公司。

　　收购德克斯特公司是我最糟糕的一次买卖，但是在未来，我还会犯更多错误，我可以跟你打赌，企业并购中经常发生的事情，如同巴比·贝尔一首歌的歌词中所说的那样："我从不和丑女人上床，但醒来时发现身边躺着好几个。"

——2007 年巴菲特致股东函

【智慧指南】

　　一个天才犯错总是比一个常人犯错更加令人瞩目，而众多投资者也终于等到了股神在其投资生涯中最大的失误，这个失误并不是众所周知的纺织或者航空，而是一家鞋厂。德克斯特制鞋，并不是靠品牌和设计争夺市场，而最终被中国出口到美国的产品彻底击垮。

犯错的价值是不在同样的地方再次犯错，更重要的是你要学会估算一次错误的损失，正像巴菲特所说，德克斯特让他损失的并不是 4 亿美元，而是 2200 亿美元的机会成本，而这个数字很可能在未来还会增加。

走到跷跷板的哪边都不对

对于证券或公司的估值总免不了涉及定性和定量的各方面因素。从一个极端的角度来讲，定性的分析方法会说："买下正确的公司，用不着考虑它目前的价格！"而定量的方法则会说："以正确的价格买入，用不着考虑公司的情况！"而在实际分析的时候，显然两方面的因素都要予以考虑。

——1967 年巴菲特致股东的信

【智慧指南】

应该说，我们能清晰地感觉到"极端"不算是一个褒义词。"极端"常常表示思考问题太偏激、狭隘和固执。这种习惯在投资过程中亦是危害不浅，分析方法极端、操作手法极端都会将投资者推向危险的深渊，灵活兼顾的思想才是生财之道。

第八章
别样思维：富人最大的一项资产就是与他人的思考方式不同

　　不跟随他人去大海捕鱼，自己闷起来养虾，也是一个很不错的选择。

惯性投资方式带来惯性收益

央视财经记者傅喻:"世界经济进入互联网时代已经是个不争的事实,您只投资传统产业的投资风格还会坚持多久?"

巴菲特:"我不认为我会改变我的投资方式,对于风险我一直都怀有保守的态度,但是我们也愿意承担风险,这些这么多年来从未变过。我们分析利润与风险的比例,对那些风险不大、有好的管理层、价格合适的公司感兴趣。但我们不需要做所有正确的判断,只要那些我们投资的企业能够有所收益就足够了。在20岁我只有10万美元时,这就一直是我的观点。我们不希望在投资业务中赔钱,我们也从来不冒过大的风险。"

——2014 年巴菲特股东大会

【智慧指南】

集中投资、长期持有、规避风险、不懂不做……这些众所周知的巴菲特投资原则早已融入巴菲特投资的思维习惯和一言一行当中,它们被世人称之为"巴氏投资风格"。正如巴菲特所说,从20岁开始他就以这样的习惯去做,而巴菲特所创造的收益,仿佛也从他 20 岁开始就习惯性地不停增长。

财富专家曾讲过这样一个故事来形象地解释"巴氏投资风格"：一个渔夫从 20 岁开始，每天都出海 50 海里撒下鱼饵然后捕鱼，一直坚持到他 80 多岁的时候。海里的鱼好像也会一代一代相传："嘿，每天这里都会有东西吃！"最终渔夫总是满载而归。

成功意味着目标越来越大

提问："选股与收购公司有何区别？"

巴菲特："伯克希尔－哈撒韦还是希望同时做好这两项工作，不过它们展现的结果是不一样的，股票投资通常能更快地显示出成功或者失败。如果公司对股票的判断是正确的，结果会在市值和净值上得到体现；如果对收购目标的看法正确，成功则是表现在盈利能力上。"

芒格："鉴于以往的成功，我们不得不去进行规模越来越大的投资。"

——2014 年巴菲特股东大会

【智慧指南】

选择股票和收购公司无疑是伯克希尔最引人注目的举动，而巴菲特有时候就像一个登山者，当他站在今天所登上的山顶时，他的下一个目标一定是抬头所见的高峰，而不是俯首鸟瞰。归根结底，以伯克希尔－哈撒韦目前的超大规模而言，它需要持续买入规模越来越大的公司，才能产生巴菲特以及投资者们期望中的利润的增长。

热情是成功莫大的优势所在

做空分析师道格·卡斯说："想知道股神在决定投资之前做了哪些研究和怎么决策的吗？关于沃伦·巴菲特以往投资的尽职调查有很多传奇故事，包括聘用顾问来研究美国运通；2011 年向美国银行投资 50 亿美元，仅仅是巴菲特在浴缸里想到，这是个不错的主意，然后就决定下来了。"

沃伦·巴菲特在回答上述问题之前也开玩笑地对道格·卡斯说："看来我们的道格对伯克希尔以及公司的投资活动保持了一贯的关注和热情。"

巴菲特随后说："你必须热爱你所做的事情，这样才能把它做好。如果你是绝对地爱着你正在做的事，这就是一个巨大的优势。这是理所当然的，因为热情会提高你的工作效率。……即使没有提高工作效率，但我仍对所有的投资决定都有毫无保留的热情。"

——2013 年巴菲特股东大会

【智慧指南】

　　一个重要的投资决策（尤其是并购和收购公司）是否必须要在严肃的办公室，经过大量的数据分析和高层讨论后才算得上正确？正像道格·卡斯所说，巴菲特的投资决策有时候看似真的是信手拈来，但是我们相信，股神的每一个决策都饱含着自己几十年的投资热情。这就像一个数学家研究数学领域六十多年，在吃饭时突然发现了不用圆规也能画圆的方法一样。

　　与投资相关的所有信息和理念，一直在巴菲特大脑里储存着，好的决策和想法往往只是在好的时机到来时一跃而出。热衷于投资的人，总会比心不在焉的投资者更容易做出正确的投资抉择。

与成功密切相关的，是你做第一份生意时的年龄

提问："一个 10 岁小孩的最好的赚钱方法是什么？"

巴菲特："我必须说这是我 10 岁时就认真考虑过的一个问题。派送报纸是我当时最喜欢的方式，但是我可能还是小了些。我尝试了 20 种不同的工作，生意最好的就是我的弹球生意，但是我如今不会再推荐了。我读过一份关于研究人的才能与成功相关性的报告，报告研究了成绩、学校等因素与成功之间的关系，最后发现，与成功密切相关的，是你开始做第一份生意时的年龄。

"我在年少的时候读了《巴比伦最富有的人》一书，它教给我开销不要超过收入，并将余额投资。对此观念我做到了融会贯通，心智越来越成熟，因此我决定把一天中最好的时间用于提升我的智识。"

——2007 年巴菲特股东大会

【智慧指南】

从小培养孩子的投资意识，不仅仅是单纯为了帮助他们建立严密而成熟的思维模式，更是为了培养他们对一件事情的热爱、

理解与坚持。

做任何一件事情都是由众多细枝末节构成的，攻克每一个小阶段的问题就能促成最后的成功。另外，一种思维和情感的形成都是在深入接触一些事情之后产生的领悟和升华。

投资不是一门枯燥的数学、财富学课程，它是一种人生态度和精神领悟的大发现，是打开人们智慧思想大门的一把钥匙。

公开发表心中愿景是好事，但不应盲目乐观

查理和我认为，CEO 对公司未来利润增长率的预估是相当危险且不恰当的，当然，（这里）是指他们通常在分析师与公关部门的鼓动下才会这样做，但他们应该予以坚决拒绝，因为这样做通常会惹来许多不必要的麻烦。

CEO 自己心中有一个目标不是件坏事，甚至我们认为，如果这些期望能够附带合理的条件，CEO 公开发表个人心中的愿景是很好的一件事。但如果一家大公司公开宣称每股盈余长期可以维持 15% 的年增长率的话，那肯定会招致许多不必要的麻烦。

其原因在于，这种高标准只有极少数的企业做得到。让我们做一个简单的测试：根据历史记录，从 1970 年至 1980 年，在 200 家盈余最高的公司当中，数数到底有几家在此之后能够维持 15% 的年盈余增长率。你会发现，能够达到这个目标的公司屈指可数。我可以跟你打赌，在 2000 年获利最高的 200 家公司当中，能够在接下来的 20 年里，盈余年平均增长率达到 15% 的公司，绝对不超过 10 家。

——2000 年巴菲特致股东的信

【智慧指南】

当投资者听到一家公司宣称"我公司转产某某项目后，可望提高几倍的盈利能力"，而其在过去的盈利业绩表明，它从未提高过自己的盈利能力，那么你基本上可以把这家公司的话当作耳旁风。

过高的预估不但会造成毫无根据的乐观，麻烦的是此举还会导致 CEO 行为腐化，很多 CEO 不专注于本业而热衷于运用一些非经济的手段来达到他们先前所做的盈余预估。更糟的是，在用尽运营上的各种手段之后，被逼得走投无路的经理人最后只能运用各种账务手段无所不用其极地做假账，安然公司就是这样一步步走上歪路的。

敢于开自己的玩笑

周六下午，我们将再次为从北美以外来的股东举办一个招待会。每年我们的股东大会吸引来自全球的许多人，查理和我想对这些来自远方的客人，表示一下我们个人的问候。去年，我们很高兴与来自许多国家的 400 位股东会面。任何非美国和加拿大的股东，将收到特别的入场券，上面有参加这个招待会的说明。

84 岁的查理和 77 岁的我，拥有的幸运超过了我们的梦想：我们都出生在美国；都有非常了不起的父母，让我们能获得良好的教育；都有美满的家庭和健康的身体；都有一些"商业"基因，让我们取得了某种其他人从未经历过的巨大成功，虽然这些人对我们社会福利的贡献，并不逊于我们，甚至比我们更多。而且，我们都热衷于做我们热爱的工作，并有无数杰出的和令人愉快的同事协助。对于我们，每天都是那样令人兴奋，所以看到我们跳着踢踏舞去上班，不必惊讶。不过对我们，没有比在伯克希尔每年的股东大会上，与我们的持股合伙人欢聚一堂更让人兴奋的了。

——2007 年巴菲特致股东的信

在本届美国总统的竞选活动中，我听到的最有趣的故事是罗姆尼（美国商人与政治家，第70任马萨诸塞州州长，曾角逐2008年美国总统选举的共和党提名人选）问他的妻子安妮："在我们年轻的时候，在你最狂野的梦里，是不是也没想到我会竞选美国总统？"安妮回答说："亲爱的，我最狂野的梦里，并没有你。"

在我们1967年第一次涉足财险和意外险业务的时候，我最狂野的梦里也没有我们现在的成就。

——2007年巴菲特致股东的信

【智慧指南】

心理素质是一个成功投资者的必备武器，敢于自嘲，善于自嘲，拥有理性、乐观的心理的人往往能取得可观的收益。

1967年时，巴菲特把年收益超过15%列为"了不起"，超过20%列为"不可能持续"，超过40%列为"哈雷经过地球"。而事实证明，巴菲特的梦的确不够狂野，同时他也一定做不了一个伟大的天文学家。

成功大部分依赖于世界观及如何用它工作

　　提问："反映未来成功的最佳指标是什么？在你一生中你最早什么时候开始你自己的生意？"

　　巴菲特："成功大部分依赖于你的世界观，而且依赖于你如何运用你的世界观来工作。在伯克希尔，我们的经理人们通常具有正确的世界观，他们中的一些人从未说过商业方面的傻话。这是世界观，这也是性情，你应该下注在这些人身上。因为我父亲不允许我去当作家，于是我进入了投资业。"

　　　　　　　　　　　　　　　　　——2005 年巴菲特股东大会

【智慧指南】

　　个人世界观和价值观似乎一直是非常模糊的概念，但是世界观和价值观对工作的影响力不容忽视，尤其是正确的世界观。

　　世界观是指导我们走向成功的重要工具，也是检验成果的最佳指标。世界观并不是先天形成的，而是后天的生活经历所塑造的。想要拥有一个比较成功的人生，我们可以及早地通过阅读、实际锻炼、向专业人士以及长辈请教的方式树立正确的人生价值观，并用这些来指导自己的长期实践。

投资就是一场零和博弈的游戏

最近上市公司很流行强调管理阶层的利益与公司的股东是一致的，不过在我们的赏罚簿上，所谓的"一致"是对等的，而不是只有当公司营运顺利时才如此。许多公司的一致性就不符合我们的标准，因为表面上虽是如此，但其实骨子里玩的是"正面我赢，反面你输"的游戏。

——1994 年巴菲特致股东的信

这昂贵的游戏只是用来决定谁能吃这块饼，但没有一点办法让饼变得更大。我知道有一种论点说这个过程能使资金实现更有效的配置，但我们怀疑其可信度，相反，过热的股市反而妨碍资金合理的配置，使饼变得更小。亚当·斯密说，自由市场中有一只看不见的大手，能导引经济社会使其利益最大化。我们的看法是——赌场般的股市与神经质的投资行为仿佛是一只看不见的大脚，碍手碍脚地拖累了经济社会向前发展。

——1983 年巴菲特致股东的信

【智慧指南】

市场中的主体总是因为立场不同而产生不一致的站位，投资这场游戏不像合作会带来双方共赢的局面，它就是一场零和博弈，游戏的奖励是一张分量固定的大饼，赢的人吃得多，输的人吃得少，甚至没得吃。赢的人往往是实力强大的投资者，输的人则是势单力薄的散户。

对于那些刚从事投资的人来说，明白这场游戏的模式，为之做好心理准备和运用适当的战术是必须要做的功课。

第九章
敢做"预言帝"：苍蝇拍
和真空管产业如今安在

投资其实就是投注未来，因此不学
会预测大势的人不算是优秀的投资者。

沙漠地带产生的太阳能比多云地带多

提问："火电厂业绩的下滑会给 BNSF 带来问题吗？你怎么看待新的石油管道？"

巴菲特："煤炭同比需求要看天然气的价格。我认为把石油从巴肯油田运输出来需要很长的运输线，用铁路运石油比管道快，并且更具灵活性。"

BNSF CEO："我们预计煤炭运输量与此前持平，但石油运输量会大幅增长。"

…………

提问："虽然美国对煤的依赖程度将越来越低，但在资源方面有投资的伯克希尔公司，其公用事业是否会受到产品替代性的影响呢？"

芒格："没有人真正知道最终会怎样。我非常有信心地预测，沙漠地带产生的太阳能将比多云地带要多。屋顶上的太阳能板会产生重大影响吗？我对此持怀疑态度。"

巴菲特："尽管石油和天然气之间的价格比很惊人，不过这些能源的价格仍处于不断变化中。"

——2013 年巴菲特股东大会

【智慧指南】

产品的替代性是非常值得投资者注意的一个问题。产品替代性，指两种不同的商品或者劳务在使用价值上可以互相替代来满足人们某种需要的关系，比如隐形眼镜和普通框架眼镜就很好地体现了产品的替代性。

而股东大会提到的煤炭资源，它的燃烧取暖等作用是可以和天然气相替换的，因此，在市场经济中，一方价格的变动会影响到另一方的价格和销量。

认识到产品的替代性现象，却不因此迷失方向，产品的功能和供给仍是决定其价格走势的永久决定因素。

再活 50 年，应该投资什么

提问："如果你还能再活 50 年，而且可以再投资一个行业，那会是什么行业？为什么？"

巴菲特："我们肯定会选择一个规模庞大的行业，在科技界将出现一些庞大的赢家。"

芒格说："科技或能源。"

…………

提问："考虑到你们对可再生能源和自然资源都很感兴趣，能否谈谈各种资源的耗竭对你们的投资战略有何影响？"

巴菲特："影响不大，有不少社会问题对我们的投资决定其实没多大影响，我不是说它们不重要，只是不一定会影响我们的决定。"

芒格："有些人觉得资源耗竭问题的解决方案就是挖、挖、挖，这些人简直是疯子。"

…………

提问："中美能源在风力发电方面进行了很多投资，考虑到现在涌入该行业的巨额资金，你们对风电有何看法？"

巴菲特："风力发电很不错，可只有刮风的时候才用得上，因此无法成为最基本的电力供应形式。只有在政府提供税收方面的优惠时，风电投资才合理，否则的话无法赢得具有吸引力的回报。在爱荷华州只有 35% 的机率有风。"

——2011 年巴菲特股东大会

【智慧指南】

随着全球传统能源消费量不断上升和储量相对有限这一矛盾的日渐深化，新能源逐渐成为能源行业甚至全球经济的焦点。新能源作为传统能源的补充和替代，包括太阳能、风能、核能的开发以及应用，并在用途和转化上不断扩大，如目前如火如荼的新能源汽车概念。A 股中众多上市公司也开始涉及这一有着广阔前途的行业，据统计，新能源概念上市公司超过 100 家，成为市场中最受追捧的热点。

巴菲特旗下中美能源控股公司拟购入美国风电资产。该公司本打算自行兴建风场，后拟直接向美国风力及太阳能发电商佛罗里达电力照明公司（Florida Power & Light Co，简称 FPL）购入风电资产。中美能源副主席迪恩·克里斯表示："收购有助于更快地实现新增 1001 兆瓦发电量的目标。"

不管怎样，投资新能源已成为一种趋势，也将会在股市中掀起另外一场波浪，为巴菲特在内的更多投资家们带去意想不到的收益。

从预言中你能得知许多预言者的信息,但对未来所获无几

提问:"预测全球经济增长放缓会给伯克希尔带来麻烦吗?未来 10 年股票市场回报率会如何?"

巴菲特:"我不在乎宏观预测。你没法精确地知道它。我们不看预测,从来没有一个股票投资的决定是基于宏观环境的。我们不知道会发生什么,为什么花时间讨论你不知道的事情?所以我们讨论企业。我喜欢比尔·格罗斯,但不管是他还是其他任何经济学家对未来做的预测,对我都没有什么影响。我总体上认为美国会做得更好。任何常态对我们都没有任何意义。如果你买到了好的企业,价格好,长期持有就会表现不错。如果你基于预测来做市场决定,那你会亏很多钱。"

巴菲特:"你怎么看常态?"

芒格:"可以想象得到,会更差。"

——2013 年巴菲特股东大会

我不关心宏观的经济形式。在投资领域,你最希望做到的应

该是搞清楚那些重要的，并且是可以搞懂的东西。对那些既不重要又难以搞懂的东西，你忘了它们就对了。你所讲的，可能是重要的，但是难以拎清。了解可口可乐、里格利（美国一家经销口香糖的公司）或柯达，他们的生意是可以拎得清的。当然你的研究最后是否重要还取决于公司的评估、当前的股价等因素。但是我们从未根据宏观经济的感觉来买或者不买任何一家公司。我们根本就不读那些预估利率、企业利润的文章，因为那些预估真的是无关痛痒。

我们不愿因为自身本就不精通的一些预估而错过买到好生意的机会。我们根本就不听或不读那些涉及宏观经济因素的预估。在通常的投资咨询会上，经济学家们会做出对宏观经济的描述，然后以那为基础展开咨询活动。在我们看来，那样做是毫无道理的。

假如艾伦·格林斯潘（曾任美联储主席）在我一边，罗伯特·鲁宾（克林顿时期美国财政部长）在我另一边，即使他们都悄悄告诉我未来 12 个月他们的每一步举措，我仍然会无动于衷的，因为这不会对我购买公务机飞机公司或通用再保险公司，或我做的任何事情有一丝一毫的影响。

——1998 年巴菲特在佛罗里达大学商学院的演讲

【智慧指南】

巴菲特经常不在乎宏观经济形势，甚至逆向宏观经济形式进行投资。1972 年，巴菲特买了喜诗糖果，之后不久政府实施了价格管制,股价一直狂跌,但巴菲特依然继续买进,无视宏观经济形式,而正因如此,巴菲特没有错过以 2500 万美元买下一个现如今税前利润 6000 万美元的生意!

用巴菲特的原话来说:"几乎每一份投资银行的报告开头都是关于公关经济形式的回顾和展望,你在阅读的时候几乎可以忽略掉这一部分。"

"懂"的意思是能看到十年后的情况

当我说懂时，我的意思是，你非常清楚 10 年之后公司的情况将是什么样的。我对许多企业的理解都不足以让我产生这种信心，不过有少数几家企业可以。

幸运的是，就像你说的那样，我只需要真正懂几家企业就够了，可能是 6 家或 8 家。

——1997 年巴菲特股东大会

【智慧指南】

"不懂不做"是巴菲特经典的投资理论之一，但"懂"与"不懂"之间的界限往往很难划分，很多投资者在一个领域研究多年都不敢确定自己是否真的懂。所以在这里巴菲特给予了一个量化的概念，就是"看到 10 年之后的情况"。这一清晰的量化，被公众认为是最有帮助的投资理论之一。

宁愿大概对，也不要完全错

在学术界，人们喜欢给予投资风险不同的定义，坚持把它当作是股票价格相对波动的程度，也就是个别投资相较于全体投资波动的幅度。运用数据库与统计方法，这些学者能够计算出一只股票"精确"的 Beta 值，代表其过去相对波动的幅度，然后根据这项公式建立一套晦涩难懂的投资与资金分配理论。为了找出可以衡量风险的单一统计值，他们却忘记了一项基本的原则，宁愿大概对，也不要完全错。

——1993 年巴菲特致股东的信

别人同意你的观点，并不表示你的观点就正确无误。你之所以正确，是因为你提出的事实正确以及推论正确，这样才能保证你能够正确无误。为什么聪明人总会做出损害自身利益的蠢事？我们的成功在很大程度上是因为我们能够避免犯愚蠢的错误。只要能够尽量避免犯重大的错误，投资人只需做几件正确的事情就足以成功了。

如果你在错误的路上，奔跑也没有用。当发现自己处在洞穴中时，你要做的第一件事就是停止挖坑。在犯下新的错误之前好好反省一下以前的那些错误倒是一个好主意。

　　重整旗鼓的首要步骤是停止做那些已经做错了的事。模糊的正确胜过精确的错误，现在远离麻烦，要比后来摆脱麻烦容易得多。

——巴菲特投资语录

【智慧指南】

　　没人能丝毫不差地对一些事情做出精准预测，我们能做到的是方向正确、大致正确，而做到大致正确一定比犯明显错误难得多。

市场变动虽大，但短期规划也不容忽视

我们对于长期目标的专注，并不代表我们就不注重短期结果。总的来说，我们早在 5 至 10 年前就做好了规划，而当时的举措现在才开始慢慢地得到了回报。如果每次都有信心地播种，最后的收割结果却让人失望，农夫就应该好好地检讨他自身的原因了，不然就是土地有问题。投资人必须了解，对于某些公司甚至是某些产业，根本就没有所谓的长期性策略。

你可能会特别留心那些利用财务手段或出售资产撑高短期盈余的经理人；你也应该特别关注那些一再延长实现目标日程，并把长期目标一直挂在嘴上的人。即使是爱丽丝一再听到母后明天再挤牛奶的说教，她最后还是忍不住坚持，总有一些应该今天挤吧！

——1992 年巴菲特致股东的信

【智慧指南】

因为市场瞬息万变，所以很多投资者并没有制订短期规划，更不会关注短期市场的某些变动。

　　这种做法略显偏颇，任何大的动向都是由小的因素积累而成
的，做短期规划有利于投资者增强关注意识，还能由短期市场发
展的轨迹预测长期走势。因此，不管市场的变化有多大，坚持长
短期结合、动静态结合，才是聪明的投资方式。

关注会发生什么而不是什么时候发生

当我们买入或者卖出股票的时候，我们担心的并不是市场将会怎么样，而是公司将会怎么样。股票市场将会在很大程度上决定什么时候我们是正确的，而我们对公司的分析的准确性则将在很大程度上决定是否是正确的。换句话说，我们关注的重点是应该会发生什么，而不是它应该在什么时候发生。

——1966 年巴菲特致股东的信

【智慧指南】

事情的发展顺序，首先是会发生什么，然后是什么时候发生。如果不知道将会发生什么，那么其何时发生都不能使自己做好必要的准备。

因此，对可能发生的事情先做出判断和预测，再为之做准备，成竹在胸的结果就是不担心事情什么时候发生，自然应对就好。

第十章

拒绝教条主义：目前的金融课程
可能只会帮助你做出平庸之事

知识不一定在课本，而且要活学，任何死抠课本的人都不会很好地拿理论指导实践。

用恰到好处的激励教育孩子

提问:"我们的子女生活无虞,什么都不缺,如何激励他们刻苦学习成长,使他们能与各发展中国家的下一代竞争呢?"

芒格:"这确实是个问题,我不认为在富裕家庭长大的孩子会喜欢每周工作 60 个小时。"

巴菲特:"我不希望我的孩子仅仅因为父母有钱就觉得自己很特别。当然,我也不希望给他们太多激励,让他们比我干得更好!"

——2011 年巴菲特股东大会

【智慧指南】

和中国相比,国外尤其是欧美地区的教育理念比较崇尚培养孩子的自由独立精神,即使是"富豪爸爸"也不会给孩子特权,反而让孩子用独立的人格和思想去接受挑战。

接班任务越来越明朗的中国"富二代",也应该去认真估量自身能力,正视自己的位置,发挥积极性,成为新时期优秀的竞争干将。

学到的越多，你想学的也就越多

一个来自费城的七年级学生提问说，由于在学校里还有许多事情没有教，他应该读些什么东西？巴菲特称，自己是从读报纸开始，然后才慢慢接触这个世界的。巴菲特称："你将会发现自己真正感兴趣的东西。你学到的越多，你想学的也就越多。"

有人问："你给孩子们在理财方面的忠告是什么？"巴菲特回答："总体来说，孩子们应当以他们的父母为榜样。如果他们的父母很有判断力，用他们自己的方式着眼于未来并合理安排生活，那么他们的孩子也会有判断力。"

巴菲特称："我并不提倡极端的节俭。"

——2008 年巴菲特股东大会

在美国相同规模甚至更大规模的报纸中，水牛城新闻有两个特点：其一是无论节假日还是平时其报纸的普及率都是最高的；其二是契尔氏新闻板块占总版面的比率最高。

事实上，这两个特点之间有着非常大的关联，那就是绝大多数的读者还是更加关注新闻，新闻板块越丰富，报纸的普及率也就可能越高。另一方面，除了新闻量之外，新闻的品质也很重要，这需要报业整体拥有好的报道方式和编辑，新闻更要有实时性和关联性。为了让报纸成为读者不可或缺的东西，它必须能够马上告诉读者许多他们想要知道的事情，而不是让读者看"历史"。

和往年相同，1987年我们的新闻在报纸版面中的占比大约是50%，如果将这个比例降低到40%，一年内我们可以减少400万美元左右的成本。但我们从来不会考虑在这种地方节省，就算哪一天我们利润缩水了也是一样。

如果有一天我们需要节省开支，我们也绝不会降低新闻版面所占比例或者牺牲喜诗糖果的品质与服务，因为那些钱是必须花的。而另一方面，我们也不会因为伯克希尔的资金充裕而聘请经济分析师、公关顾问等对公司一点帮助都没有的人。

——1987年巴菲特致股东的信

【智慧指南】

在投资和生活中，巴菲特都主张"该花费的不能省，该节省的尽量不要浪费"，而他对投资者、身边人和青少年的告诫也是如此。

以水牛城新闻报为例，这份报纸每24小时出7个版本，每次内容都会更新，这几乎是这份报纸最大的成本。而即使在1987年印刷成本飞涨导致报纸经营状况下降时，巴菲特依然不认为这是缩减报纸新闻版面的好理由。

回归到对年轻人的忠告上，合理花费是人生的重点，这是对自己本身的投资。花费适当的资金读报和游玩，是对自己知识、眼界、经历的投资，这些都是不该节省的。

用巴菲特自己的话来说："不能为了钱而降低产品（人生）品质，甚至不惜让企业亏损至倒闭（不惜让生命暂时困苦），这才是长远的投资眼光。"

从小生意做起，前进路上继续学习

一个股东要求巴菲特解释他的投资战略，比如如何理解价值投资，如何教育年轻人。

巴菲特说："每年我都让大学生进入公司并与之座谈。教育学生们重要的是让他们知道如何评价一单生意，知道如何对市场作出判断。没有所谓的现代投资组合理论或类似的东西。重要的是弄清楚你自己的能力大小，从小生意做起，在前进的路上懂得学习。同时，掌握一些会计准则也是很重要的，要掌握市场波动情况，要学会让市场为你所用。这不是 IQ 高低的问题，而是当你做决定时要做到情绪稳定和内心平和。"

芒格补充说道："有一个最大的问题就是，世界上有一半的未来投资人都在温饱线以下，投资者应该最大限度地减少妄想。"

——2009 年巴菲特股东大会

提问："如果你刚开始起步，而且并不是一个全职的投资者，你将怎么运用你的第一个 100 万美元进行投资？"

巴菲特："这就意味着他在债券、股票（包括海外股票）上拥有数以千计的机会。实际上，多数机会都来自那些小的股票交易。"

芒格对此表示赞同，他说："如果你没有希望成为一个熟练的投资者，你应当通过指数化证券投资基金。"（尽管芒格称一些股票经纪人是非常值得尊敬的人，但他和巴菲特还是警告投资者防备那些通过告诉别人如何投资的人从中渔利。）

巴菲特："如果有100万美元计划投资到10只股票上，那么，在韩国的股票市场上将比在美国更容易找到具备潜力的股票。"

——2008年巴菲特股东大会

【智慧指南】

20世纪70年代，巴菲特还没有足够的资金量，所以股价波动对伯克希尔净值的影响比较大，但是他当时已经开始注重长期盈余的价值，所以即使资金量不够，他也依然会选择合适的目标进行投资。

很多投资者想要一步登天，可是发现自己的资金不够做大的投资，而小投资又看不上。对于这种投资者而言，只能永远在原地踏步。只要是投资模式是正确的，无论你正在操作多大的资金额度，那么你的投资就不会错。中国有句古话：莫以善小而不为。从小的投资开始，无论是积累还是发展，意味着你已经开始做大事了。

尽可能多地阅读

提问："成为一个好的投资者的最好方法是什么？总的来说，成为 MBA，看《穷查理年鉴》这本书就能懂得更多吗？"

巴菲特："可以尽可能多地阅读。拿我来说，我在 10 岁的时候就把在奥马哈公立图书馆里能找到的投资方面的书都读完了，而且很多书我读了两遍。

"你要把各种思想装进你的脑子里，随着时间的推移，你就能够分辨出哪些是合理的。一旦你做到这样，你就该下水尝试了。模拟投资和用真金白银投资的区别就像你读浪漫情爱情小说和你做点什么的区别是一样的。

"越早开始阅读越好。我在 19 岁的时候读了一本书，并形成了我基本的投资思维方式。我现在 76 岁了，做的事情就是基于我 19 岁时从那本书得来的同样的思维方式。阅读，然后小规模地亲身实践。"

——2007 年巴菲特股东大会

要想成功地进行投资，你不需要懂得什么 Beta 值、有效市场、现代投资组合理论、期权定价或是新兴市场。事实上，大家最好对这些东西一无所知……我们认为，学习投资的学生们只需要接受两门课程的良好教育就足够了，一门是如何评估企业的价值，另一门是如何思考市场价格。

思考是我生活的重心，我是一个相当喜欢思考的人。尽管我知道有些事情并无答案，但我认为，思考可以为这个世界带来一些真知灼见，这就是它的魅力。

——巴菲特投资语录

我阅读我所关注的公司年报，同时我也阅读它的竞争对手的年报，这些是我最主要的阅读材料。我看待上市公司信息披露（大部分是不公开的）的态度，与我看待冰山一样（大部分隐藏在水面以下）。你可以选择一些尽管你对其财务状况并非十分了解但你对其产品非常熟悉的公司，然后找到这家公司的大量年报，以及最近 5 至 10 年间所有关于这家公司的文章，深入钻研，并全身心投入。当你读完这些材料之后，问问自己：我还有什么不知道却必须知道的东西？

——巴菲特投资语录

【智慧指南】

巴菲特非常热爱阅读。巴菲特这样概括他的日常工作——"我的工作是阅读，如果没有大量的广泛阅读，你根本不可能成为一个真正的成功投资者。"

巴菲特甚至认为，成功的投资并不需要高等数学知识，学习投资很简单，只要愿意读书就行了。当然，深受格雷厄姆影响的巴菲特说，如果我只学习格雷厄姆一个人的思想，就不会像今天这么富有。因此，坚持阅读、广泛阅读、理性阅读将会帮助每一个人成为一个好的投资者。

聪明人净干愚蠢的事情

整个长期资金管理基金的历史，我不知道在座的各位对它有多熟悉，其实它的历史是波澜壮阔的。如果你把那 16 个人，像约翰·梅里韦瑟、埃里克·罗森菲尔德、拉里·西里布兰德、格雷格·霍金斯、维克托·哈格哈尼，还有两个诺贝尔经济学奖的获得者——迈伦·斯科尔斯和罗伯特·默顿——放在一起，可能很难再从任何你能想象得到的公司中，包括像微软这样的公司，找到另外一个拥有 16 个这样高智商人群的团队。

那真的是一个有着难以置信的智商的团队，而且他们所有人在业界都有着大量的实践经验。他们可不是一帮在男装领域赚了钱，然后突然转向证券的人。这 16 个人加起来的经验可能有 350 年到 400 年，而且一直专精于他们目前从事的领域。第三个因素，他们所有人在金融界都有着极大的关系网，数以亿计的资金也来自这个关系网，那其实就是他们自己的资金。

超级智商，在他们内行的领域，结果他们破产了。这于我而言，是绝对百思不得其解。如果我要写本书的话，书名就是《为什么聪明人净干蠢事》。我的合伙人（芒格）说那本书就是他的自传，这真的是一个完美的演示。

——1998 年巴菲特在佛罗里达大学商学院的演讲

【智慧指南】

中国人常说"聪明反被聪明误",巴菲特在演讲中所提到的16个人无一不是公认的天才或者高手,同时在人品上更是有口皆碑。而正是这些智商高于常人的聪明人,自认为可以承担任何风险,大胆地使用他人的大量金钱来进行投资和冒险,最终愚蠢地走向失败。

历史只能代表历史，数据推算不了未来

　　用对你重要的东西去冒险，赢得对你并不重要的东西，简直是不可理喻，即使你成功的概率是 100 : 1，或 1000 : 1。如果你给我一把枪，弹膛里有 1000 个甚至 100 万个位置，然后你告诉我，里面只有一发子弹，你问我，要花多少钱，才能让我拉动扳机。我是不会去做的。你可以下任何注，即使我赢了，那些钱对我来说也不值一提；如果我输了，那后果是显而易见的。所以我对这样的游戏没有一点兴趣。

....

　　我所不能理解的是，这 16 个如此高智商的能人怎么就会玩这样一个游戏，简直就是疯了。某种程度上，他们的决定基本上都依赖于一些事情。他们都有着所罗门兄弟公司的背景，他们说一个 6 或 7 西格玛的事件（指金融市场的波动幅度）是无损于他们的事业的。他们错了，历史是不会告诉你将来某一金融事件发生的概率的。他们很大程度上依赖于数学统计，认为关于股票的（历史）数据揭示了股票的风险。但我认为那些数据根本就不会告诉你股票的风险！我认为数据也不会揭示你破产的风险。也许他们现在已意识到这一点了！

　　　　　　　　　　——1998 年巴菲特在佛罗里达大学商学院的演讲

【智慧指南】

在投资问题上，人们总是拿巴菲特和索罗斯相比较，他们在许多问题上有不同的见解，却都认同这样的观点：历史的统计规律对预测未来毫无帮助。可见这一观点在投资领域应当是极为正确的。

现实投资中，金融市场上所谓的"肥尾理论"再明确不过，曾被认为概率小到上亿年都不会发生一次的系统性国际金融崩溃事件在近三十年里发生了两次：一次是俄罗斯政府破产，一次是次资危机。相信这样的情景，任何一个以历史数据为参考的投资者都无法推算出灾难的到来。

大泡沫期间，难有先见之明

在股价方面可能许多人有和我们相似的感受，那就是自从我们买进股票以后，由于成本和收益的比例提升的缘故，股价的增幅还高于盈余增长的幅度。就个别单一年度而言，股价与企业本身的经营状况往往有所分歧，在大泡沫期间，股价的涨幅远远超过本业的表现；而泡沫破灭之后，其表现则恰恰相反。

当然，要是我能够掌握其间变动的诀窍，伯克希尔的绩效应当会更好。这种事后先知的话人人都可能会说，但只可惜投资人真正需要的是先见之明。无奈前方的景象晦暗不明，而我们庞大的投资部分更大大加强了灵活进出的难度。

在股市泡沫期间，我只不过老调重弹价值投资的理念，坚持按兵不动，结果饱受批评。虽然那时我说我们部分的持股市价高于其应用的价值，但我低估了其间的差异。仅仅坐着说话是远远不够的，还是需要真正身体力行才可以。

——2004 年巴菲特致股东函

【智慧指南】

巴菲特手中持有的很多股票同样经历了高定后下滑了很多，即使是可口可乐在巅峰时期的股价也要远远高于现在，所以巴菲特长期持股的方式也让人感到疑惑不解。

严格来说，世界上没有具备"先见之明"的投资者，即使是巴菲特也经常看不清前方投资的路（所以从 2000 年开始巴菲特很少出手）。因此，投资者面前只有两条路可以选择：一是不看公司只看图形，自己追涨杀跌从而让自己也变得喜怒无常；二是像巴菲特一样坚守价值规律，不理会外界的风雨雷电，坐等企业分享盈利。

从长久的角度来看，第二条路必然不平坦，但第一条路很容易迷路。

第十一章
投资实录："股神"皇
冠之上那些耀眼的钻石

没有一颗钻石是不需要打磨就能
璀璨夺目的，而打磨需要时间，闪耀
也需要时间。

二选一比一百选五要更难

央视财经记者傅喻："您投资了比亚迪，人们好奇的是，您为什么不投特斯拉？您总是投资行业里最优秀的企业，而特斯拉的成绩有目共睹。"

巴菲特："汽车业是一个很难断定前景的行业，50 年前，通用汽车看似是所向披靡，因为它在美国拥有几乎一半的市场占有率，但四年前通用公司破产。在汽车业也很难预言谁将是经久不衰的赢家。美国国产的汽车业有将近 2000 家公司，需要 40 页纸才能列完它们的名字。这么多公司接下来发生了什么？在 2009 年春天，只剩下 3 家，而且其中两家还申请了破产。挑选一个未来赢家不是一件简单的事情。"

——2014 年巴菲特股东大会

【智慧指南】

当从 100 个企业里挑选 5 个时，你一定可以经过重重筛选和比较；但两个企业中只能选一个时，你往往会发现这两个企业都已是大浪淘沙留下的，它们几乎都很完美，这样的选择就很难了。比亚迪与特斯拉正是如此。

另一方面，诚如中国投资集团创始合伙人约翰·艾伦所说：对巴菲特来说，投资中放在第一位的是不亏钱，然后才是赚钱。巴菲特也有这样的投资哲学，投资季节，而不要投资天气，因为季节可预测，你可以弄明白，但是天气的变化你从来没法猜透。这些高科技公司，无论是中国的高科技公司，还是美国的，它们现在就像天气，非常难以预测。

应瞄准更大型的公司

格里高利·沃伦："伯克希尔是否应买入许多业绩快速增长型公司？"

巴菲特："这个问题的第一答案，就是不应预先排除其他答案。如果旗下某个部门对某行业很熟稔的话，可能使用3亿至4亿美元（收购），我们不会忽略任何可能会有实际影响的企业，无论其规模如何。去年（2013年）我们子公司收购了25家企业，并且还将继续……从现实角度来说，我们已使伯克希尔增加了不少盈利动力。我们应瞄准一些规模较大的公司。"

芒格："我同意这一点。收购数以万计的小型企业，并不是理想的投资方案。"

——2014年巴菲特股东大会

【智慧指南】

可口可乐、吉列、《华盛顿邮报》……无一不是世界大型企业，而这些企业都成就了巴菲特和伯克希尔的传奇。如果想在后期超越过往，把希望寄予多个小公司并不是不可以，但瞄准一家大型公司无疑更符合巴菲特的投资风格。

对于投资者而言，相比选择收益率可能在短时间内较高而前程未卜的小公司，选择大型公司则更有长期的保障。这就像同样是出海寻宝，跟随一艘小船也许只寻找到 100 个金币就可以发一笔小财，但跟随大船出海找到 100 个金币也许只能分到很少，但大船更安全而且更有机会驶向深海寻找到上万个金币。

吉列的用户不太可能会乱换产品

股东问："你能不能稍微深入地谈谈你对麦当劳的看法？将你刚才的看法延伸开来，请着重谈谈麦当劳该如何跟国际市场上不可战胜的竞争对手一较高低。"

巴菲特："我只能坚持我刚才的看法——在食品行业，你永远无法获得在类似于剃须刀这种单一消费品行业中的不可战胜性。如果我现在用的是吉列感应剃须刀，很显然，当这种剃须刀的下一代产品出来的时候，我会接着使用新一代产品，就是现在的超级感应剃须刀，我绝对不会用其他品牌的剃须刀代替它。使用吉列产品剃须的顾客包括女性顾客，大部分人都对它很满意。

并且它还不贵。对一个普通用户来说，一年的花费也就是 20 多美元。如果你使用的产品性价比很高，你是不会随便乱换产品的。"

——1997 年巴菲特股东大会

【智慧指南】

吉列作为巴菲特投资的经典案例，巴菲特坚持选择吉列主要基于以下三个方面的原因：

第一，吉列刀片的市场足够大。软银赛富首席合伙人阎炎说："从商业模式来讲，最重要的一点是商业模式的可扩展性。"吉列显然有足够的可扩展性，巴菲特想到这一点就兴奋得睡不着觉，"每当我在晚上入睡之前，想到第二天早晨全世界会有25亿男人不得不剃须的时候，我的心头就一阵狂喜。"清晨，贴在面颊上的吉列剃须泡释放出丝丝清凉，巴菲特心里却必定是暖意浓浓。

第二，创新是吉列最大的竞争优势，持续创新保证了吉列竞争优势的可持续性。金·吉列于1895年发明了一次性剃须刀片，这是一个划时代的商业发明。巴菲特说："消费者需要不断更新自己的刀片，所以他们对吉列产品的消费支出也会不断增加。"在创办以来的100多年历史中，吉列不断创新，推出多个自创产品：剃须刀架、双刀剃须刀、旋转刀头剃须刀、感应剃须刀以及"锋速3"剃须刀。新产品的不断推出使吉列得以保持较高的利润率。公司通过调研发现，只要产品好，价格高出25%还是35%，顾客并不是特别在乎。

第三，吉列是剃须行业中的绝对老大。吉列公司多年来一直统治着全球剃须刀市场，在很多国家，吉列已经成为"剃须刀"的代名词。巴菲特用数字分析了吉列的市场地位："全世界每年剃须刀片的消费量为200亿至210亿片，其中的30%是吉列生产的，但按销售额计算，吉列在全球刀片的销售额中占了 60%。"

巴菲特自己用了吉列剃须刀后感叹道："在现代人类生活中，一切都在发生变化，剃须同样也可以成为一种享受。"可能同样让巴菲特"享受"的，是他不断翻新的吉列持股总市值。

可口可乐的秘密（一）

在全世界 200 多个国家中，可口可乐是一个有着 100 多年历史的产品，而且其人均消费量每一年都在增长。

可口可乐有着一个公开的秘密，只不过没有人注意到这一点，而这个秘密决定着这个产品身价超过百亿美元。这个秘密就是：可可口可乐没有味觉记忆。简单来说，你在一天中的 9 点、11 点、15 点、17 点分别喝上一罐可口可乐，17 点的味道与你早上 9 点喝的味道一样好。而市面上的其他饮料，如苏打水、橙汁、啤酒等都没有这种特点，它们对味道有一定的积累作用，积累使味觉变得麻木，如果你一再重复饮用会使你感觉厌烦。

我们在喜诗糖果的雇员可以免费享用公司生产的糖果。在他们第一天工作的时候，他们会吃得挺多，之后他们吃得就会越来越少，最后他们吃起来就好像要掏钱一样。为什么会这样？因为巧克力一样有着味觉积累，而可乐则完全没有。这就是为什么全世界的人们每天都消费很多次可口可乐，而不是其他饮料。而作为股东来说，你将会得到非凡的人均消费量，其中大多数都是再次消费者和再再次消费者。

——1998 年巴菲特在佛罗里达大学商学院的演讲

【智慧指南】

彼得·林奇的投资理论曾提到过，普通投资者拥有超过机构投资者的优势，就是他们每一天都在使用熟悉的产品，而这些产品背后的企业往往是非常值得投资的。只不过现实中没有太多人能像巴菲特一样细心，套用罗丹的名句来说，世间不是缺少好股票，而是缺少发现好股票的眼睛。

可口可乐的秘密（二）

宝洁是一个非常不错的公司，旗下名牌甚多并且有着强大的营销网络。如果你告诉我，我要离开20年，这其间我们家族的资产都放在宝洁上面，我不会感到不高兴，甚至非常安心。保洁是我5%的选择之一，20年的时间里它也一定不会破产。

一定会有人问我："有比宝洁更好的吗？"当然，我想那就是可口可乐。在未来的20年、30年中，可口可乐的单位增长率和定价能力必然更上一层楼。伯克希尔拥有8%的股份，那就是每天80万美元。看上去并不是不可能。虽然很多人说可口可乐单价不好上涨，的确是如此，因为涨价在全球众多市场很难行得通。但在未来的时间里，或者说20年之后，可口可乐在单位消费量上一定赚得更多并且总量上也会卖得更多。我不确定这个数字会有多大，但是我始终确信它一定会增长。

——1998年巴菲特在佛罗里达大学商学院的演讲

【智慧指南】

投资者应该明白一点，并不是所有名牌公司都有优势，投资者只有把握好其中细微的差别才能赢得良好的利润。

　　另一方面，针对可口可乐而言，现在还没有超过巴菲特所保证的"20年"的期限，然而从1998年到现在，不可否认的是，可口可乐的成长的确如巴菲特所料，虽然在某些时候会因为大环境或者客观因素的影响出现波动，但是在长期的发展中它的确一路飘红。

喜诗之现金牛

我们花费了 2500 万美元来收购喜诗，而它当时的销售额仅为 3000 万美元，税前收入还不到 500 万美元，接下来需要投入 800 万美元运营资金，但结果公司税前资本收益率达到 60%。有两个因素有助于把运营所需资金控制在最低水平：一是产品出手可以带来现金流；二是生产和配送的周期短，最大限度地缩减了库存。

去年喜诗的销售额为 3.83 亿美元，税前收入 8200 万美元，现在公司的运营成本是 400 万美元。这意味着从 1972 年到现在，我们只花了 3200 万美元进行再投资，就完成了这种平稳的规模增长和某种意义上平稳的财务增长。

这些收入的全部，除了那 3200 万美元，全部被输送到伯克希尔。我们用税后的收益来收购其他具有吸引力的企业。就像亚当和夏娃源源不断地创造出 60 亿人口一样，喜诗为我们开辟了更多新财源。

——2007 年巴菲特致股东函

【智慧指南】

投资是一种艺术，有时候也讲究平衡。我们可以看到巴菲特为自己打造的公司组合，既有能提供大量现金的现金牛公司，有拥有持股待涨的高成长公司，那就意味着他在牛市中可以高歌猛进，在熊市中也可以以分红积累资金捡便宜货，这让整个投资都会事半功倍。

喜诗就是巴菲特投资组合中的现金牛，从 1972 年巴菲特买下喜诗公司时，其公司的糖果年销售量为 1600 万磅，到 2007 年销售量高达 3100 万磅，虽然年增长率只有 2%，但它的价格总能战胜通货膨胀，为巴菲特提供稳定的现金流，所以喜诗为巴菲特带来的利润早已超越喜诗本身。

跟着富国银行坚持走自己的路

我只是觉得富国银行是一家非常优秀的上市公司，拥有最好的管理模式，股票价格水平也比较合理。在这种情况下进行投资一般可以获得更好的回报。

——1993 年巴菲特接受《福布斯》杂志采访

对富国银行的信心主要源于三个方面，它们分别是独特的经营模式、更低的资金成本和庞大的客户规模。

很难想象一个企业做到这么庞大的规模还能具有独特性。你会认为，随着他们的规模扩张，他们在经营上就会与其他银行没有什么差别。但并非如此，富国银行继续坚持走自己的独特之路。当然这不代表他们做的决策都是对的，但他们从来不会因为其他银行都这么做而强迫自己去做一些事情。其他银行之所以身陷泥沼，是因为他们总是说：别人都在这么做，我们为什么不呢？

——2009 年巴菲特接受《财富》杂志采访

【智慧指南】

虽然银行业是周期性行业，其业绩波动甚至大于其他典型的周期性行业，但相对来说，在我们所有的行业之中，银行业是最为稳定、长期成长性最好的行业。在我国，还没有一个行业可以与银行业相提并论。

这家从四轮马车起家的百年银行，一直以来都是巴菲特四大重仓股之一，可见巴菲特对其信心十足，同时对于普通投资者而言也是一个不错的选择。

美国运通公司，坏插曲带来好音乐

　　我们投资美国运通的历史可以追溯到很早以前，事实上这也符合我总是根据过去的认识来作出现在的投资决策的模式。……我投资美国运通的历史包含两段插曲。在20世纪60年代中期，这家公司由于色拉油丑闻而声名狼藉，股价受到严重打压，我们乘机将巴菲特合伙企业40%的资金投入到这只股票，这是合伙企业所做出的最大一笔投资。我要进一步补充说明一下，我们投资1300万美元买入的股票，占该公司的股权比例为5%。目前我们在美国运通的持股比例接近10%，投资成本高达13.6亿美元。（美国运通1964年的利润为1250万美元，1994年则高达14亿美元。）

　　我对目前在美国运通总利润占1/3的IDS部门的投资可以追溯到更早以前。我在1953年第一次买入IDS股票，当时该部门业绩迅速增长而市盈率只有3倍（在那些日子里，压弯了枝头的果子唾手可得）。后来我在《华尔街日报》刊登广告，以1美元将其股票卖出，我甚至还写了一篇关于这家公司的长篇报告——我写过短的报告吗？

　　显然美国运通与IDS（最近已更名为美国运通财务顾问）现

在的经营业绩已今非昔比，但我还是认为，长期以来非常熟悉一家公司及其产品，常常对评估这只股票很有帮助。

——1994 年伯克希尔的年报

【智慧指南】

众所周知，在对美国运通的投资中哈维·格鲁伯无疑是头号功臣，他对美国运通公司进行了一系列大刀阔斧的重组，使得运通通过高度专业化经营创造了超高的赢利，加上高端客户带来的利润，发展过程中跌跌撞撞的运通逐渐走向了正轨。

投资者需要谨记，投资有些企业的失误的确是无法挽回的，但另一些企业，就像巴菲特本人所说："只不过是孩子不知道回家的路，需要一个人为他指路而已。"